빛깔있는 책들 101-19

장승과 벅수

글/김두하 ● 사진/윤열수, 송봉화, 강현구, 이태완

ⓑ대원사

김두하 ─────────────────
민학동지회 회장을 역임하였으며, 주
요 저서로는 『벅수와 장승』(집문당)이
있고 장승 연구 논문으로는 「노표 장
승 고찰」 「두창 장승 고찰」 「장승류의
명칭 고찰」 등이 있다.

윤열수 ─────────────────
동국대학교 사학과 대학원을 졸업하
였다. 동대학 미술과 강사, 동방불교대
학 강사, 삼성출판사박물관 학예연구
원을 지냈고 현재 가천박물관 학예연
구실장으로 있다. 저서로 『한국의 호
랑이』 『통도사의 불화』 『괘불』 등이
있다.

송봉화 ─────────────────
한국 사진작가협회원, 한국민속학회원
이며, 프리랜서로 일하고 있다.

강현구 ─────────────────
광주민학회 회원, 금호고등학교 교사

이태완 ─────────────────
민학동지회 민속연구원

장승과 벅수

장승과 벅수

들어가는 말

장승을 보고 결코 예쁘다거나 아름답다고 말할 수는 없다. 퉁방울 같은 눈, 주먹 같은 코, 반은 썩고 그나마 성한 것은 들쭉날쭉 제멋대로인 이, 귀 밑까지 찢어진 입, 게다가 몇 년만 지나면 비바람에 색단장은 말끔히 사라지고 패인 나뭇결이 흉칙한 주름을 만들어 볼썽사납게 된다.

이러한 장승을 어떻게 부처님의 온화하고 인자한 얼굴에 비할 수 있겠으며 문무석인(文武石人)의 근엄하고도 점잖은 모습과 견줄 수 있겠는가. 못생기면 못생길수록 미우면 미울수록 불규칙하면 불규칙할수록 장승은 장승 나름의 멋이 있다.

살기 좋은 세상이 곧 올 것이라는 정치적 이데올로기의 제시나 구원받는 세계가 오리라는 종교마다의 감미로운 교화도 미소 한 움큼조차 던져 주지 못하는 때에 오히려 이러한 거창한 이상 없이 먼지와 때를 입고 있는 못난 몰골이 장승의 얼굴이며 이것은 곧 우리 서민들의 얼굴인 것이다.

예부터 백성들은 자신들과 벗하여 서로의 아픔을 덜어 줄 수 있는 신상(神像)을 물색하였다. 이에 나무 한 그루, 끌 한 자루로 실력은

'주장군(周將軍)'의 얼굴 우리 장승의 독특한 얼굴을 대표하는 명작이다. 못났어도 어딘지 모르게 살붙이 같이 믿음직히기까지 한 신, 장승은 이처럼 못난 생김새인데도 불구하고 '장승' 또는 '벅수'라는 훌륭한 이름으로 우리와 함께 호흡하여 왔다.

없으나 모양껏 이목구비를 깎아 보고 그럴싸한 이름도 붙여 주고 하여 그들과 가장 친근한 신상을 공동으로 제작하였다.

　주기적으로 공양을 하지 않아도 옷을 단정하게 갈아 입지 않고 찾아 뵈어도 싫은 소리나 군소리 한 마디 없이 꿋꿋이 서서 백성들을 보살피던 듬직하고도 건강한 신, 못났어도 어딘지 모르게 살붙이 같아 믿음직하기까지 한 신, 장승은 이처럼 못난 생김새임에도 불구하고 '장승' 또는 '벅수'라는 훌륭한 이름으로 줄곧 우리와 함께 호흡하여 왔다.

정읍 칠보면 백암리 장승(위)
남원 호기리 장승　둥근 눈과 주먹코의 중국 장수가 칼을 잡고 서서 잡귀를 쫓고 있다.(옆면)

장승과 벅수

　　민속 문화란 양반이나 왕족 등 한정된 특수 계층의 일시적인 문화 현상이라고 설명되는 식자 문화(識者文化)와는 달리 서민이나 평민 계층에서 장구한 세월에 걸쳐 빚어진 문화 현상을 말한다.

　　민속 문화는 거의 신앙적인 요소를 띠고 있으며 여기에 신성(神性)이 생김으로써 제의(祭儀)가 발생하게 된다. 이와 같은 제의를 통하여 개인이나 공동체로서의 운명을 신에게 의탁하게 되고 이것은 결국 구전된 신화, 민담 또는 각 마을에 이어져 내려오는 신역(神域)으로 남아 우리에게 보이고 있다.

　　장승 신앙 역시 국사당, 당산, 산신각, 당산나무(神木), 서낭당 등의 당제(堂祭) 행사와 돌무더기, 선돌, 솟대 등의 입간 습속(立竿習俗)이나 무속 신앙과 더불어 우리나라 고유 민속 문화의 소산으로 그 구체적 신상과 제사, 고사, 굿 등이 오늘날까지 전승 발전되고 있다.

　　한편 마을신 가운데 상위신(上位神)으로 모셔지는 산신, 서낭신, 용왕신에 비하여 벅수와 장승은 솟대나 돌무더기와 같이 있기도 하면서 하위신으로서 민간과 밀착되어 있었다.

공주 박산소 선돌과 돌장승 선돌이 장승으로 변천하였다는 학설을 거부하는 듯 2개의
구조물이 나란히 남아 있다.(앞면)
사천군 축동면 가산리 입구의 벅수들 위 왼쪽은 관인(官人) 모습의 벅수에 절늠제
때의 금줄이 감겨 있는 것이고 위 오른쪽은 총각 벅수로 옛 것을 도난 당하여 새로
세운 것이다. 머리에 쌍상투가 보인다. 옆면은 같은 마을에 있는 당산 벅수이다.

사천군 축동면 가산리 당산의 총각 벅수 자식이 있기를 기원하는 벅수이다.

설립 연대, 위치, 형태, 명문 등에 따라 부락 수호, 방위 수호, 산천 비보(山川裨補), 읍락 비보, 호법(護法 : 불법 수호), 경계표, 노표 (路標), 금표(禁標), 성문 수호, 기자(祈子 : 자식이 있기를 기원하는 것) 등의 여러 기능으로 분류되는 장승과 벅수 가운데 민간에서 집단으로 신앙되어 오고 제례가 이루어진 것은 부락 수호와 방위 수호의 역할을 맡은 일부 장승(이들의 올바른 명칭은 법수, 벅수이 다)에 불과하다.

14, 15쪽 사진

기자 장승은 부락 공동 또는 개인적인 신격(神格)으로서 숭앙되 었고 그 밖에 호법, 읍락 비보, 노표 등의 기능을 가진 장승들의 주된 임무는 서민 신앙과 직결되지 않았어도 간접적으로나마 신앙과 접맥되어 있었다.

우리가 흔히 '장승'이라 부르고 있는 조형물은 전국에 남아 있는 유물과 문헌 및 지명 등을 수집, 조사한 것에 따르면 크게 법수계(法首系)와 장승계로 나눈다. 그러나 오늘날 법수계와 장승계로 나누지 않고 '나무나 돌로 만든 기둥 모양의 몸통 위쪽에 신이나 장군의 얼굴을 새기고, 몸통에는 역할을 나타내는 글을 써서 길가에 세우는 신상으로서 위협적인 수호 신장(守護神將)이거나 진압신(鎭壓神) 또는 노신(路神) 등의 기능을 가진 민속 신앙의 대상인 주물(呪物)'이 장승이라는 생각에 의존하여 온 것이 사실이다.

특히 중부 지방을 경계로 할 때 북쪽 지방은 수도권의 영향을 받아서인지 장승의 명칭 체계가 거의 무너진 상태이다. 그러나 삼남 지역인 영, 호남 지방은 아직도 법수계 등의 명칭을 그대로 전승하여 사용하는 예를 볼 수 있다.

선인(仙人) 법수

신재효(申在孝)의 판소리 사설 '박타령'을 보면 "늘어선 죠를 보면 되촌(大村) 당슌 법슈 갓고"라는 대문이 있다. 또한 우리 속담에 '벅수 입에 밀가루 바르고 국수 값 내란다' '벅수 이빨을 세면 벅수가 된다'라든가, 시골 부락에서 오가는 말 가운데 "아이고, 이 멍청이 법수야" "벅수같이 자빠진다" "벅수같이 섰다" "치마를 뒤집어 입고 벅수를 넘든가 뱅뱅이를 돌든가 무슨 상관이냐"라는 등의 말이 있다.

이러한 말들을 추려보면 법수란 '부락 어귀나 당산에 어리숭하고 멍청하게 쌍(雙) 이상으로 여러 기(基)가 늘어서 있는 것'이라고 정리해 볼 수 있다. 지명에서는 '법수배기' '벅수껄' '법수동' '벅수재' 등 법수, 벅수와 관계되는 곳이 120개소가 넘게 조사되었다.

과연 이 법수란 무엇일까. 사전류에는 '난간의 귀퉁이에 세운 기둥머리'라는 뜻으로 설명되어 있을 뿐 장승과 관계될 만한 확실한 설명이 없다. 결국 문헌류에서도 소외당한 법수라는 것이 아득한 예부터 오늘날까지 면면히 이어져 내려오는 민간 신앙체인 천하대장군이나 지하대장군 등을 가리키는 말이라는 것을 아는 사람은 극히 드물다.

우리 민족은 원시시대에 이미 공동체로서의 생존을 위한 안전과 경제 생활의 충족을 위한 산천 제례와 풍년 기원, 벽사 진경(辟邪進慶)의 신앙이 있었다. 그 신앙의 대상은 만물에는 신령이 깃들어 있음을 믿는 다신적(多神的)인 만상(萬象)이었으나 그 가운데에서도 장엄한 산천이 상급의 신이었다. 그러다가 신역의 범위와 거리를 좁혀서 부락 근처에 있는 나무와 돌 등이 신의 처소로 되어 가는 과정을 거쳤다.

인류가 한민족의 활동 지역인 한반도에 거주하기 시작한 것은 수십만 년 전이다. 당시의 사회는 혈연을 중심으로 한 이동 집단을 이루어 생활하는 원시 사회였다. 이때 이미 한반도에는 주술적 의미를 지닌 원시 신앙이 발생되었다. 석기 제작에 따라 농경 생활이 가능해지면서 정착 생활로 접어든 신석기시대에는 하늘, 산, 강 등의 자연물이나 천둥, 번개 등의 자연 현상에 영혼이 있다고 믿으면서 조상 숭배, 자연 숭배(animism) 사상을 출현시켰다. 또한 자신들의 기원을 곰, 호랑이 등의 동물이나 특정한 식물과 연결시키는 토테미즘(totemism)을 가지고 있었다. 그 뒤 사회 계층의 분화가 일어나면서 형성된 부락 연맹체 사회에서는 농경이 경제 생활에서 이전의 시대보다 더욱 중요한 의미를 갖게 되자 택지와 농경지의 사적 소유가 이루어지고 수익 지역 침탈 문제가 부족 사이에 발생하였다.

장흥군 관산면 방촌리 벅수 익살스러운 표정의 이 벅수는 "진서대장군(鎭西大將軍)" 이라는 명문이 몸에 새겨져 있다.

남제주군 대정읍 안성리 벅수 옛 대정현성 동문을 지키던 벅수이다.(위)
남제주군 대정읍 추사기념관 앞 벅수 옛 대정현성의 남문을 지키던 것이 현재의 위치
로 옮겨진 것이다.(옆면)

부안군 보안면 월천리 법수 우리나라 개국 신화에 나타난 환웅(桓雄)과 단군 왕검 (王儉) 두 분을 선인 법수로 모신 수호 신상이다.

이러한 문제를 해결하기 위하여 공동체 내부에 정치적 권위자뿐 만 아니라 샤먼(shaman ; 샤머니즘에서 영혼과 대화할 수 있다는 무당이나 박수)이나 제사장, 점복인 등과 같은 종교적 지도자가 나타났다.

부족 사이에는 수익(收益) 지역을 협정하고 나무나 돌로 계표 (界標 ; 경계 표지)를 설정하여 외부의 침입자와 그로 인해 발생되는 병마(病魔), 역신(疫神) 등을 막기 위한 수단으로 거목, 거석 등을 세워 놓기 시작하였다.

이렇게 부락을 수호하기 위하여 세워 놓았고 계표로서의 나무나 돌은 인간의 공작 기구가 발달함에 따라 수호 신상으로 조각되어 세워지기도 하였다. 계표인 선돌이나 돌무더기가 갖는 신체(神體) 로서의 막연함을 벗어나 구체적인 신상을 실감할 수 있는 우상(偶 像)이 실현되었다.

청동기시대에 접어들어서는 강하고도 합법적인 정치 권력이 나타나는가 하면 혈연 관계가 지연 관계로 바뀌면서 고대 국가, 곧 한민족의 고조선이 나타난다.

우리나라의 근원 신화인 고조선의 단군 신화 속에는 고유한 신선사상(神仙思想)이 포함되어 있다. 곧 하느님인 환인(桓因)이 천자(天子) 환웅(桓雄)을 인간 세상에 내려보내 세상을 다스리고 교화하면서 아들을 낳으니 곧 단군 왕검이다. 그는 1500년 동안 지상 세계를 다스리다가 아사달(阿斯達)에서 산신이 되었다고 한다. 이 신화는 인간이 하느님의 자손이요, 영원히 죽지 않는 내세에 대한 신앙을 통하여 다시 승천할 수 있다는 인내천(人乃天)사상 곧 신선사상을 나타낸다.

22쪽 사진

여기서 다시 법수라는 신상에 대하여 알아보자. 조선시대 중종 때의 찬수관이었던 일십당(一十堂) 주인 이맥(李陌)이 편찬한 「태백일사(太白逸史)」에는 다음과 같은 내용이 있다.

곰 무리와 범 무리가 서로 다투던 옛날 환웅 천황께서 아직 군림하시기 전 묘환(苗桓)은 구황(九皇)의 하나였다. 옛날에 우리 환족(桓族)이 유목 농경하던 때에 신시(神市)의 가르침이 열렸다. 땅으로써 다스리기 위하여 적(積)을 하나로 하고, 음(陰)은 십거(十鉅)를 세우고 양(陽)은 무궤(無匱)를 만들고 충(夷)은 여기에서 생했다. 봉황은 날아 모여들어 백아강(白牙岡)에 살고 선인은 법수교(法首橋)로 오고갔으니 법수는 선인(仙人)의 이름이다.

봉황은 성인이 세상에 나타나면 이에 따라서 나타난다고 하는 서조(瑞鳥)로 오색을 갖추고 동방 군자의 나라에 나타나며 이를 보면 천하가 크게 안녕하다는 전설의 새이다. 이러한 봉황이 모여든

백아강에 법수라는 성인 곧 선인이 나타났고, 그가 오가던 다리의 이름을 법수교라고 하였다. 곧 법수 선인이 있는 백아강으로 들어오기 위해 건너야 하는 다리를 법수교라 이름하여 이 다리를 통하여 들어오는 악귀의 침입을 선인의 주력(呪力)으로 막는 것이다.

선인이란 속세를 떠나 산악이나 삼림에서 살며 불로장생의 술(術)을 닦아 구름을 타고 바람을 몰면서 변천을 꾀하여 하늘과 땅을 자유로이 오르내리는 주력을 가진 인물을 말한다. 선인의 이러한 주력을 믿는 신선 사상은 하늘과 인간을 일치시켜 인간의 한계적인 능력을 무한의 하늘로부터 구원받고자 하는 신앙의 발현에서 비롯되었다. 인간과 신은 생명의 근원에 있어서 같으며 인간 속에 내재된 신성의 발휘로써 인간은 현세 속에서 영생 불사, 전지 전능의 존재가 될 수 있다고 생각한 것이다.

이러한 우리나라의 신선 사상은 불교, 도교 등 외래 종교가 들어오기 이전에 국내에서 발생하여 번성하였던 원시 고유 사상의 실체라는 설이 타당하게 받아들여지고 있다.

신선 사상은 한국의 고유 사상이자 고유 종교로서 고조선시대의 단군, 신지(神誌), 팽우(彭虞), 지제(持提), 천왕랑(天王郎), 탁림몽(卓琳蒙), 송양(松讓) 등의 선인들로부터 고구려의 조의(皂衣) 선인으로 이어져 내려왔으며 신라의 화랑(花郎) 선인, 仝내(仙郎) 선인으로 그 맥이 계승되어 왔다.

우리 민족은 예부터 개인에 있어서나 민족에 있어서나 위급할 때에는 신선이 나타날 것을 기대하는 심리가 있으며 신선적인 이상 세계, 선경(仙境)과 같은 경개 절승한 풍경 등을 동경하는 심리가 있다. 이러한 심리 작용은 선인을 구상화시켜 자신 주변에 가까이 둠으로써 위기나 재해로부터 벗어난다든지 꿈을 실현하려 했다.

당시의 법수 선인이 어떠한 구체적인 영험과 기능을 갖고 있던 신체였는가는 문헌에서 밝혀지지 않고 있다. 그러나 법수 선인을

장승 만들 나무 고르기(위), 나무 운반하기(가운데), 장승 새기기(아래)

25, 26, 27쪽 사진 상징하는 형태를 나무나 돌에 조각하여 세우는 과정 곧 선인의 신력 (神力)이 신상에 나타나도록 제물을 바치고 배례하는 제의로써 법수는 부족과 부락민으로부터 벽사 진경의 임무를 부여받은 셈이 되었다. 선인이 보호해 주는 마을이나 영역에서 살고 있다는 긍지라든가 안도감이 그들로 하여금 질병, 재해, 침략 등의 불안으로부터 벗어나게 해준다.

장승제 정성껏 만든 장승을 세운 뒤 밤에 지내게 되는 장승제에서는 마을의 모든 개안이 없어기고 비끄는 일이 이루어지기를 기원한다.(오른쪽, 옆면)

경주 안압지 출토
신라시대 법수

초기의 법수는 소박한 조각 솜씨로 선인의 얼굴을 새긴 단순한 28쪽 사진
인물형의 목상(木像)이었을 것이다. 그러나 시대가 변함에 따라
사회 생활과 경제 사정이 복잡해지고 유행병(천연두)과 외침(外
侵) 또는 흉년 등에 대항하는 복합적인 기능을 부여하게 되었고
따라서 형태도 그 신앙의 목적과 맞게 다양하게 만들게 되었다.
또한 법수의 가슴에는 지역의 특수한 사정에 걸맞는 문무관이나
신의 이름들을 마을신의 이름으로 새기게 되었다. 곧 단순히 선인의
신력만을 빌어 마을을 수호하려던 초기의 단순한 사고에서 좀더

구체화되고 강한 능력을 바라면서,
이에 따라 대상신의 모습과 이름도
갈수록 여러 양상을 띠게 되었다.

법수는 현재 호남, 영남 지방에
집중적으로 잔존하여 신앙되고 있으
나 본래는 전국에 골고루 분포된
부락 수호신이었다. 그것이 조선시대
에는 「경국대전(經國大典)」에 의하
여 관로(官路)나 군로(軍路) 10리마
다에 세운 노표(路標, 堠)에도 법수
의 얼굴을 무섭게 새겨서 노신(路
神)을 만들어 관로(國道)를 따라
여러 마을로 찾아오는 중국의 역귀
(疫鬼, 胡鬼 마마)를 노신이 쫓아보
내게 하였다. 이 노표를 장생(長桎)
이라 하였는데 음(音)이 바뀌어
'장승' 또는 '장성'이라고 하였다.

노표 장승은 조선 말기에 폐지되
어 전국의 도로에서 사라졌으나 이름

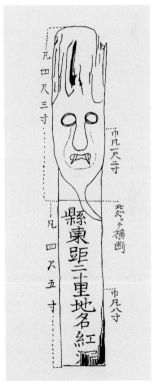

일본 산형현(山形縣) 해변에 떠밀려
가서 1891년경에 골동품점에 나타났
던 우리 노표 장승

은 땅 이름 등에 남아서 '장승배기' '장성고개'란 말들이 있다. 그러나 근래에는 법수나 벅수도 장승이라고 잘못 불러서 혼란을 일으키고 있다.

법수 신앙

신선은 신통력을 발휘하여 인간의 재화를 막고 복을 주는(辟邪進慶) 신비스러운 힘(呪力)이 있다고 믿었다. 이러한 신앙에 의한 간절한 소원을 이루기 위하여 치성을 드렸고 제물을 바치고 풍악을 울려서 법수를 즐겁게 해야 했다(娛神).

31쪽 사진

조선시대부터 해마다 심해지는 두창(痘瘡)의 침입으로 많은 인명의 피해를 막기 위하여 법수의 영험에 대한 신앙이 깊이 자리잡게 되었다. 그러한 신앙의 발현으로 인간은 대상 신에게 치성을 드렸고 제사나 굿을 올리기도 하였다. 이러한 의식의 과정은 경건한 마음과 깨끗한 몸 그리고 생기 복덕(生氣福德)에 맞는 제주(祭主), 정성이 담긴 제물, 부정을 타지 않은 주변 상황 등이 일치될 때에만 이루어졌다.

숭배하는 신에게 뜻을 이루게 해달라는, 인간으로서 준비하고 갖출 수 있는 최대한의 '마련'이 신과 인간을 연결시키는 매개체가 되리라는 믿음에서 신앙은 존재하였다. 이것은 공동체 생활 가운데 가장 중요한 부분을 차지하였고 이러한 신앙 생활을 통하여 자신들에게 닥칠 수도 있는 재난과 질병을 막아 주고 풍요와 자손 창성 그리고 공동 운명체의 발전을 기원했다. 무기력과 눈에 보이는 한계에 대한 회의나 절망을 딛고 일어설 수 있도록 하는 방법이 바로 마을의 여러 수호 신상들에 대한 종교적 신앙이었다.

신앙 생활은 부락민과 부족의 단결을 꾀하고 '우리'라는 공동체 의식을 갖게 하는 중요한 유대가 되며 자기 집단에 대한 지나친 보호 의식과 인근 지역에 대한 대립적인 감정을 일으키기도 하였

娥眉山下喬

娥眉山下喬

（高十尺餘周二尺五寸餘 木賀不明）

일본 옛 책에 실린 우리 벅수 그림 왼쪽은 「북월설보(北越雪譜)」(鈴木牧之, 1842년)에 실린 것이고, 오른쪽은 「동경 인류학회 잡지」(36호, 1889년)에 소개된 것이다. 중국의 아미산에는 두창을 물리치는 신선이 있었는데, 두창을 퍼뜨리는 호귀를 다리목에서 막기 위하여 세운 '아미산하교(娥眉山下橋)' 벅수이다.

다. 씨족 중심의 부락 사회에서는 특히 흘러들어온 세력에 대한 냉대와 멸시로 서로 싸움이 잦았는데 이는 상대 집단의 신앙을 인정하려 들지 않는 데에 그 원인이 있다고 할 수 있다. 따라서 법수역시 각 부락마다 특색이 있었으며 그 특색은 법수 신앙의 몇 가지 공통된 성격말고도 많은 지방성을 갖게 된 이유가 되었다.

속담에 '멍청히 서 있는 사람' '바보 같은 사람' '어리석은 사람' 등을 비유하는 데에 법수가 사용되었다는 사실로 미루어 볼 때 법수는 이러한 속담이 생겨나면서부터 서서히 신으로서의 능력을 상실하게 되었던 것 같다.

법수가 주민들의 바람에 대하여 별다른 신통력을 나타내지 못함을 과학 문명이 들어오면서 느끼게 되면서 마을의 법수는 물론이려니와 당산군(堂山群) 자체를 업신여기면서 고유의 민간 신앙은 흔들리기 시작했다. 영험스러운 당산과 법수의 잘 짜여진 틀이 무관심에 의하여 볼품없이 변하게 되고 신앙 형태는 엄숙한 '제의'에서 흥미로운 '놀이' 형식으로 일부 변하기도 하였다.

이러한 현상을 굳이 바람직하지 못한 과정이라고 생각할 필요는 없다. 집단의 중대사나 천재 지변, 질병 따위에 대하여 신에게만 의존하던 가치관이 바뀌면서 마을 사이의 배타적 감정이 협동심으로 변하고, 자신의 문제는 스스로 해결할 수 있는 자립의 계기가 될 수 있었다. 결국 실질적 이익을 위한 선택을 한 것이다.

한편 이러한 선택은 대대로 전승되어 온 각종 민간 신앙의 가치를 떨어뜨렸다. 우리나라의 자생적 원시 신앙체라고도 할 수 있는 법수가 사서류에 나타나지 않는 것도 이러한 경솔한 선택으로 빚어진 현대인의 잘못이 아닌가 한다.

수호신인 법수가 갈수록 푸대접을 받은 이유를 다른 면에서도 살펴볼 수 있다. 조선시대의 억불 숭유라는 정책 때문에 상류 계급을 구성한 유림들은 유교적 합리주의에 의하여 서민층의 민간 신앙을

무시하였기 때문에 그들의 방대한 문집류에 국가 정책으로 설치하였던 장생(長栍)이나 후(堠;장승 후)는 있어도 법수는 볼 수 없다.

법수의 생김새

현존하는 장승의 형태를 보면 남상과 여상은 각각 문무관의 복장과 속두리를 쓴 신부의 복장을 하고 있다는 차이점말고는 입을 크게 벌려 이를 모두 드러내어 몹시 노한 표정, 곧 귀면(鬼面)의 얼굴을 하고 있다. 무서운 표정을 보고 잡귀나 질병은 접근하지 말라는 뜻이다.

마을 수호신인 법수는 원래 선인의 이름이다. 따라서 법수의 얼굴도 선인의 얼굴처럼 조각되었을 것이다. 염려스러우면서도 도술을 터득한 달관의 얼굴, 그러면서도 인자하고 너그러운 인상이 깃들어져 있었을 것이다. 그러나 선인이 우상화되어 배치되어 있는 예가 몹시 드물기 때문에 법수를 비롯한 선인의 구체적인 얼굴 형상은 쉽게 단정하기가 어렵다.

33쪽 사진 사원이나 궁전, 성문 등의 지붕 내림마루 끝부분에 보면 '잡상 (雜像)'이라고 하는 것들이 있다. 이것은 잡상이라는 이름말고도 '구룡자(九龍子)' '삼장법사와 손오공의 권속들' '동방삭(東方朔)' 이라고도 하는데 특히 가장 끝 곧 지붕 각층 가장 모서리에 위치한 우상을 선인이라고도 부른다. 이 선인은 화마(火魔)를 쫓는 용(龍

현대의 벅수들 '천하대장군'과 '금살' 벅수로 조각가 윤영하 씨가 만든 것이다.

頭)과 부하(垂獸)를 여럿 거느리고 의연한 자태로 서서 벽사(辟邪)의 임무를 띠고 건물을 수호하는 구실을 하고 있다. 따라서 법수 고유의 얼굴이 지붕 내림마루 끝의 선인 모습과 비슷하리라는 추측을 해보게도 된다.

이렇듯 법수의 얼굴은 선인의 인상이 주류를 이루면서도 선인으로서의 능력이 기대에 미치지 못하자, 귀면의 표정을 빌어 벽사 신상으로서의 시각적인 효험을 기대하였다. 오늘날 법수의 표정이 34쪽 사진 제각기 인자하기도 하고 사납기도 한 것은 바로 이와 같은 습합을 통하여 무형식의 파격미를 가져온 때문일 것이다. 근래에 들어 굳이 신랑, 각시로 성을 구분하여 기괴한 형상을 만드는 것은 작희에 불과하다고 하겠다. '법수'는 '벅수'로 음이 변하여 가고 있다.

장승

장승에는 다음과 같은 것들이 포함된다.

첫째, 선인의 얼굴을 새긴 원시 공동체의 신앙 대상물로서 오늘날까지 전승되어 온 부락 수호, 방위 수호 기능의 법수, 벅수(경기 등 일부 지역에서는 將神, 수살 등이라고도 한다) 등이 있다.

둘째, 장승이라는 명칭의 시작이라고 보는 신라, 고려시대 사찰의 산전 비보 장생표(長生標)로 사용되었다.

셋째, 읍락의 비보, 성문 수호나 사원의 호법, 또는 노표(堠), 경계표, 금표로서의 장생(長栍)으로 사용되었다.

넷째, 기자 장승, 안내 장승, 시국 장승 등으로 사용되었다.

이처럼 장승은 시대와 기능, 지역에 따라 또는 사람의 계급에 따라 여러 가지 이류가 사용되었다. 다만 이류와 기능이 제각기 다양하면서도 어떠한 기능의 것이 어떠한 이름으로 불린다는 일정한 공식이 있지는 않았다. 따라서 장승은 다른 민간 신앙체보다도 엄청난 습합과 변천이 있었다. 현존하는 장승에 대하여 현지 주민들이 가리키는 이름도 원류에서 벗어난 채 난맥과 오류를 보이는 경우가 많다. 그러나 법수계와 장승계라는 두 개의 큰 범주로 분류되는 장승의 갈래는 엄연히 제 나름의 기능과 제작 의도에 의하여 비롯되었음을 알 수 있다.

장승류의 기원

장승은 조선시대에 한자로 '후(堠)' '쟝생(長栍)' '쟝승(長丞)' '쟝승(長承)' '쟝승(張丞)' 등으로 썼으며 옛말로는 '땅셩' '댱싱' '댱승' 등으로 불렀다.

신라 소지왕 때(487년)에 옛길을 넓혀 관도(國道)를 사방으로 닦고 우역(郵驛)을 두어서 사람과 문서와 물품을 보낼 수 있게 하였다. 조선조에 이르러서는 역참(驛站) 사이의 정확한 이정을 표시하기 위하여 10리마다 후(흙무더기)를 두고 노표 기둥을 세웠다. 후 기둥 위쪽에 얼굴을 새겨서 길을 지키게 한 뒤부터는 이름을 본래의 '쟝생(長生)'과는 달리 '쟝생(長栍)'이라고 하였다.

한편으로 불교 사원이 황폐되고 불법이 유림들에 의하여 유린되면서 불법 수호나 읍성을 지키는 성문 수호, 풍수설에 의한 읍락 비보(裨補) 등의 역할을 맡은 장생이 세워지기 시작했다.

장생의 형태와 이름을 빌린 이유는 중국으로부터 두창 등 무서운 전염병을 가져오는 호귀(胡鬼)와 사귀(邪鬼) 등이 들어오는 것을 법수의 위력으로 막기 위하여 신장(神將)의 무서운 얼굴을 이정표에 새기고 그의 이름을 장생이라고 함으로써 길을 통해 들어오는 '좋지 못한 귀신'들을 막고자 한 것이다. 그렇다면 이 장생(長栍)들은 그 기원을 어디에서 찾을 수 있을까. 장생이 법수에서 온 것이라면 법수에서 장생으로의 이름 변화는 어떻게 설명될 수 있을까. 그러나

양산군 손내천 통도사 국장생 이것은 1085년에 세운 것으로 문장의 내용은 "통도사 손 내천 국장생 1좌는 절에서 분의한 바 상서호부에서 을축 5월 일자의 동첩에 있는 이천 의 판결과 같이 개립케 하도록 하므로 이를 세운다"라고 하였다.

앞에서도 설명한 바와 같이 법수와 장생은 오늘날 형태와 이름이 습합 혼용되면서 같은 맥락에서 다루어지고 있다.

장생은 신라 초 중국으로부터 풍수 지리, 도참설(圖讖說) 등을 배워 온 도선 국사(道詵國師)에 의하여 만들어진 사찰, 탑 등과 더불어 국가 산천을 비보(裨補)한다는 중요한 임무를 갖고 있던 장생(長生)에서 뿌리를 찾을 수 있다.

장생의 발생

삼국시대에는 이미 중국으로부터 한문을 받아들이고 유교가 들어와서 귀족 사회의 질서를 유지하는 사회 도덕의 바탕을 이루고 있었다. 바로 이즈음에 불교가 들어왔다.

고구려는 소수림왕 2년(372)에 전진(前秦)의 순도(順道) 스님이 불상과 불경을 전하였고, 백제에는 마라난타(摩羅難陀)가 불교를 전하였다고 한다. 신라에는 아도 화상(阿道和尙)이 불교를 들여왔으나 개인으로서 전도하다가 박해로 끝났다가 양(梁)나라 사신으로 온 원표 대덕(元表大德)에 의하여 비로소 신라 왕실에 불교가 알려졌다. 그 뒤 법흥왕이 귀족들의 반대를 무릅쓰고 받아들였고 드디어는 572년 이차돈의 순교로 공인되었다. 따라서 불교는 왕을 중심으로 한 중앙 집권 국가의 호국 신앙을 이루었다고 생각된다.

한편 불교를 따라서 선근 공덕 사상(善根功德思想)이나 음양 오행설 등이 결합되어 이루어진 풍수 지리설과 도참설이 들어와 국가의 흥망과 가문의 성쇠가 풍수 지리에 달려 있다고 믿기도 하였다.

풍수 지리설과 도참설이 유행된 시기는 신라 말의 도선 국사가 당(唐)나라에서 일행 선사(一行禪師)가 남긴 지리지법(地理之法)을 배우고 돌아와서 산수를 답사하고 「도참비기(圖讖秘記)」를 쓴 무렵이라고 전한다. 이 책에서 도선은 "사람이 병이 나게 되면 혈맥을 찾아 침을 놓거나 뜸질을 하듯, 산천에 절이나 불상 또는 탑을 세우는 것은 마치 사람에게 침을 놓는 것과 같으니 이것이 바로 '비보'이냐"라고 하였다. 이렇듯 고려시대에 이르러 풍수 지리 사상, 도참 사상과 더불어 산천 비보 사상은 중요한 종교적 사상으로 변하였다.

도선 국사는 비보로 500군데에 사찰을 세웠으며 지금까지 전하는 돌부처나 절이 곳곳에 있는 것은 거의가 그때 세운 것이라고 한다. 그뿐만 아니라 사찰 일대 오방(五方)의 산천을 비보한다고 하여 기지(基地)를 설정하였다.

통도사의 경우를 보면 기지 안에는 사찰의 속원(屬院)인 각방(各房)을 배치하여 3,000명의 대덕(大德) 승려를 두었으며, 국가 비보 사찰의 승려라 하여 일반 사찰의 승려와 달리 산성을 쌓는 등 부역에서 면제되는 혜택을 받았다.

한편 기지의 오방(五方 ; 동, 서, 남, 북, 중앙)에 장생(長生)을 세움으로써 방위에 대한 제의적 기능과 더불어 국가 비보 사찰임을 표시하였다. 이들 가운데 후자의 의미 곧 표시적 기능이 차차 비보 자체의 기능으로 옮겨졌고 이로부터 '비보 장생표'라는 이름이 생겨났다. 37쪽 사진

장생의 어원

장생(長生)이라는 이름으로 현존하거나 문헌에 기록된 것으로는 보림사 장생표주(寶林寺長生標柱), 운문산 선원 장생(雲門山禪院長生), 통도사 비보 장생표(通度寺裨補長生標), 통도사 국장생(通度寺國長生), 도갑사 장생(道岬寺長生), 안악 연등사 장생표(安岳燃燈寺長生標) 등이 있다. 이들 자료에는 장생표주, 선원 장생, 장생표탑, 일도 장생 십일(一道長生十一), 장생표, 흑목방 장생표(黑木榜長生標), 국장생, 황장생(皇長生) 등의 용어가 있다. 이들 용어에는 '장생'이라는 공통 낱말이 들어가 있다. 40쪽 사진

장흥 보림사 보조 선사 창성탑비 이 탑비는 884년에 세운 것인데 "759년에 장생표주를 세우게 하였는데 지금도 있다(乾元二年特敎植長生標柱至今存焉)"라는 내용을 담고 있다.

장생이라는 이름에 대해서는 두 가지 설이 있는데 첫째, 장생고(長生庫) 소속의 사유 전토(寺有田土)의 경계 표시로서 장생을 사용하기 시작했다는 설과 둘째, 신선 사상의 장생 불사(長生不死)에서 나온 이름이라는 설이 있다. 이 가운데 첫째의 설은 여러 문헌과 자료에 미루어 볼 때 장생고와 직접적인 관련이 있었다고 보기는 어렵다. 오히려 불교나 신선 사상 또는 민속에서 장생이라는 용어를 흔히 사용하고 있었고 그에 따라 장생고와 장생은 각각 다른 기능의 것이 장생이라는 이름을 동시다발적으로 빌어 썼을 것이라고 추정하는 것이 타당하다.

장생이라는 이름을 차용한 이유는 장흥 보림사 보조 선사 창성탑비(普照禪師彰聖塔碑) 비문의 "건원 2년(759)에 경덕왕이 명하여 장생표주를 세워 지금도 있다(乾元二年特教植長生標柱至今存焉)"는 내용과 도갑사 장생의 명문 '국장생' '황장생' 등을 미루어 보아 국왕이나 황제의 장생(長生)을 기원하기 위해서였다고 보인다. 42, 43쪽 사진

불교가 융성하였던 신라, 고려시대에 왕명에 의하여 전국 각지에 큰 사찰이 건립되었고 이들 사찰은 왕가의 재물과 시혜(施惠)로 유지되었으며, 승려는 영예를 누렸으니 사찰로서는 국가의 영보(永保)를 기원함과 아울러 성수(聖壽)의 불로 장생을 기원하는 징표로 사찰에 장생이라는 이름의 표주를 세운 것은 납득할 만한 일이다. 곧 임금, 황제의 장수를 기원하는 장생이라는 돌기둥이나 나무 기둥을 세워 높은 사격(寺格)을 나타내던 장생 본유의 기능에 음양 오행설에서 비롯된 방위 제의적 기능 및 도선 국사의 풍수 도참 사상 도입에 의한 비보의 기능이 합해진 것이다. 이러한 것은 현존하는 자료에서 증거를 찾을 수 있다. 건원 2년에 신라 경덕왕이 명하여 세우게 하였다는 장생표주가 가지고 있는 '임금의 장생 및 사찰의 석식적 의미'와 그 뒤 9세기 말 도선에 의하여 비보 사찰이 건립됨과 동시에 그 무렵에 만들었다고 추정되는 통도사 국장생의

'비보, 방위 제의적 의미'가 그것이다.

  이와 같이 산천 비보의 장생표는 국왕의 장수와 국가 기틀의 영보를 불교 차원에서 희구한 점이 일반 장승과 구별되며, 시대적으로도 불교가 성행했던 신라, 고려 때이다. 또한 장생표에 씌여진 명문이라고 할 수 있는 문구도 일반 장군류나 사찰 호법류와는 달리 구체적 대상이 있었다.

영암 도갑사의 국장생(옆면)과 황장생(오른쪽)

장생, 법수의 습합과 변천

장생표는 고려 전기에 세운 것으로 끝났다. 그 뒤로는 세운 사실을 문헌이나 유물로도 발견할 수 없다.

고려의 국력이 쇠퇴하기 시작한 12세기 이후에는 민란의 발생과 몽고군의 침입으로 시달렸고, 권문 세족들의 농장(農莊) 증대는 나라의 재정을 어렵게 만들었다. 게다가 왜구의 침입도 잦아서 국력이 한층 더 피폐해 갔다. 따라서 이러한 재정의 곤란으로 고려 중기 이후에는 비보 사찰을 세울 수 없었으며 장생표도 세우지 못하게 되었다.

유교를 국교로 정하고 불교를 억누르는 정책을 채택한 조선시대에 와서는 사찰 전답의 대부분과 노비를 거두어들임에 따라 왕가의 원찰(願刹)이라는 특별한 대우를 받았던 사찰은 경제적 혜택을 받지 못하게 되면서 장생표 건립을 할 수가 없었다. 더불어 사찰에서 특별히 왕가의 장수를 기원하려는 심리적 충성이 줄어들었을 것은 물론이거니와 승려 계급에 대한 천대로 오히려 적의까지도 갖고 있었을 것이다.

이러한 배경으로 장생류에 '장생(長生)'이라는 이름을 사용하는 것이 불합리하다고 판단했으며 사찰에서는 더 이상 장생을 설치할 이유가 없어졌고, 남아 있는 장생표의 기능조차 쇠퇴하거나 소멸하고 말았다.

장생(長生)은 원시 민간 신앙의 수호 신상인 법수가 선인의 이름이라는 점에서 선인의 장생 불사 사상과 일치하여 새로운 신상을 이루었다. 장생의 풍수 도참으로서의 비보 음조(神補陰助) 능력과 법수의 선인으로서의 주력이 습합되어 읍락이나 부락 단위의 지맥 보호 곧 읍락 비보상이나, 사찰의 법역 청정을 지키는 호법상으로 45쪽 사진 변모하였다. 형태도 기둥형(柱型), 비석형(碑型), 돌무더기형(石磧型)에서 선인이나 귀면 같은 얼굴 있는 우상형(偶像型)으로 변했다.

돌무더기형 장생 진안군 마이산

한편 사찰의 장생과 법수는 관로에 이정표로 세우던 후(堠, 路標)와 결합하기도 하였다. 본래 후는 흙이나 돌무더기를 쌓아서 돈대(墩台)처럼 만든 것인데 그 위에 이수(里數)를 쓴 표목(標木)을 세워 노표가 되었다. 여기에 역신의 횡포를 막고 호귀와 사귀의 내침을 막고 쫓아내는 선인 법수의 기능과 함께 장생의 이름을 빌어 이른바 노표 장생을 생성시켰다.

이러한 새로운 신상들의 이름은 모두 장생(長生)에 나무 '목(木)'자를 더한 장생(長柱)으로 불렸다.

장생

'생(柱)'자는 '생(生)'자와 음이 같고 글자의 모양이 비슷하며, 특히 나무 장생(木長生)인 경우에는 '木+生=柱'의 느낌이 그럴 듯하여 장생(長生)을 대신할 수 있는 적절한 이름이었다.

'생(柱)'자는 중국에서 온 한자가 아니라 우리나라에서 만든 글자 곧 '한자(韓字)'이다. 그러나 장생(長柱)을 이름짓기 위하여 만든 글자는 아니었다. '생(柱)'자는 원래 기억할 것을 적어 붙이는 목찰(木札), 지찰(紙札), 점복에 쓰는 점대, 제비 뽑을 때의 찌 그리고 강경 과시(講經科試)의 등급을 정하는 사슬이라는 뜻으로 사용되었다. 그러던 것을 고려 말, 조선 초에 장생(長生)의 이름을 바꾸려고 적절한 글자를 찾던 중, 이미 만들어져 있으면서도 글자의 모양과 뜻이 들어맞는 '생(柱)'자를 빌어 '장생(長柱)'이라고 한 것이다.

장생은 법수와 더불어 조선시대에 이르러 번성기를 맞이한다. 관로마다 촘촘하게 박혀 있는 노표 장생의 수만 해도 헤아리기 어려울 정도였으며 읍락, 성문, 부락, 사찰에 각각 읍락 비보, 성문 수호, 경계표, 불법 수호 등의 장생까지 합하여 그야말로 사람의 발이 닿는 곳이면 어디든지 장생이 함께 하였다.

장생의 이름에도 다양한 변화가 왔다. 특히 조선시대 중기에 와서는 장승(長丞, 長承) 또는 장성(長性, 長城), 장선(長善) 등으로 와전되면서 '장생'이라는 말은 점차 사라져 문헌상으로만 명맥을 유지하였다.

장생과 장승

그러면 장생과 장승 가운데 어느 것이 앞선 것인가?

1527년에 최세진(崔世珍)이 한글로 해설한 한자 사전「훈몽자회(訓蒙字會)」를 보면 "堠 댱·승:후 俗呼 五里墩"이라고 있다. 이것이 한글로 기록된 장승으로는 가장 오래 된 것이다.

"俗呼長丞(承)"이라고 해설하지 아니한 점에 미루어 '댱승'이 '長丞'이나 '長承'보다 먼저 사용되었다고 짐작할 수 있다. 같은 책에 "菊 구홧국 俗呼菊花", "韇 궁디고 俗呼弓袋"라고 있어 위의 짐작을 뒷받침해 준다. '長桂'이라 쓰고 '땅쎵' '댱쎵'으로 발음하던 것이 '댱승'으로 변한 최저한의 연대가 1527년 이전이라는 것이 문헌을 통하여 드러난 것이다. 또한 그 무렵 '쎵'이 '승'으로의 음운 변화를 이룬 예가 많고(즁쎵→즘승→짐승, 이쎵·저쎵→이승, 저승 등), 이규경(李圭景)의「오주연문장전산고(五洲衍文長箋散稿)」에 의하면 "생(桂)자의 음은 쎵(生)이고 잘못된 음이 승(承)이다. 노표인 목인(木人)은 장생(長桂)이고 와전된 사투리로 장승(長丞)이라고도 한다"라고 되어 있어 장승보다 장생이 앞선 이름이며 장승은 음운이 변천되어 굳어진 것임을 알 수 있다. 장승이 장성, 장선으로도 변하였음은 앞에서 살핀 예와 같다.

장승과 벅수의 기능

장승을 세우는 이유는 한 마디로 쉽게 설명할 수가 없다. 장승은 맡은 바 임무 곧 기능에 따라서 이름이 구별되고 명문과 생김새, 서 있는 위치 또한 달라진다. 이렇듯 기능, 명문, 형태, 위치의 상호 관계에 있어서 가장 중심이 되며 구분의 근본이 되는 것이 기능이라고 하겠다.

장승 신앙이 널리 유포되면서 지방별 혼돈이나 미륵 신앙 또는 문인석 등과의 습합이 생기면서 석상의 이름이 서로 뒤바뀌기도 하고, 한 마을에서조차 시대의 흐름과 조건에 따라 명문이 변하는 등 여러 변천이 작용한 탓으로 상호 관계는 매우 복잡하다.

다시 말해서 한 가지 기능에 대한 제반 사항의 혼돈에 의하여 '이 장승이 세워진 목적은 무엇이다'라고 규정하기가 매우 어렵다. 그럼에도 불구하고 많은 장승이 꾸준히 그리고 조용히 그 책임을 상실당하지 않고 이어져 내려오고 있음은 여간 다행한 일이 아닐 수 없다.

기능 없는 장승은 어떠한 의미에서도 존재 가치가 없다.

기능 분류표

기능	내용	명칭
부락 수호	흉년, 재앙, 유행병 등을 가져오는 귀신이나 역신을 겁을 주어 쫓아 보냄.	법수, 벅수, 장신 외
방위 수호	방위가 허한 곳에 각 방위에 해당하는 오방 신장을 배치하여 방위를 지킴.	법수, 벅수, 장생(長栍), 장승 외
산천 비보	풍수 도참설에 의하여 국기의 연장과 군왕의 장생을 기원하기 위하여 사찰 주위에 세움(얼굴 없음).	장생표(長生標)
읍락 비보	고을과 마을의 지맥이나 수구가 허한 곳을 다스리기 위하여 세움.	법수, 벅수, 장생(長栍), 장승 수구막이 외
불법 수호	사찰 입구에 세워 경내의 청정과 존엄을 지키게 함.	장생(長栍), 장승 외
경계표	농경과 수렵 및 땔감을 얻는 땅의 경계를 표시하기 위하여 세움.	장생(長生), 법수 외
노표	이정표 및 방두의 노신을 겸했던 제도적인 장생	장생(長栍), 장승, 후(堠)
성문 수호	중국에서 오는 역병이나 재앙의 침입을 성문에서 제지함.	벅수, 장승, 우석목 외
기자	득남과 풍요를 기원함.	벅수, 남근석 외

부락 수호

부락 수호의 기능은 법수와 직결된다. 앞에서 비교적 상세히 말했듯이 법수는 선인으로서의 주력을 갖고 있는 신상이다. 법수는 장생, 장승이 생기기 훨씬 전인 고대 국가 사회에서 기원 연대를 찾아볼 수 있으며 그 뒤 오늘날까지 전승되고 있다. 법수와 더불어 선돌, 솟대, 돌무더기, 당산나무가 한 무리를 이루고 있는 각 마을의 당산에서 부락 수호를 위한 부락 공동체적 민속 신앙의 뿌리를 찾을 수 있다.

영동군 용산면 율리 벅수　점잖은 표정의 이 부부 벅수는 부락 수호의 기능을 지니고 있다.(위, 옆면)

법수가 솟대나 선돌로부터 구상화된 것이라는 기존의 일설은 신중히 고려해 볼 필요가 있다. 만일 솟대나 선돌이 법수로 변한 것이라면 당산에는 솟대와 선돌 대신 법수만 서 있어야 옳다. 그러나 당산에는 이들이 같이 서 있다. 솟대, 선돌과 법수는 제각기 그들대로의 존재 이유를 지니면서 오늘에 이른 것이다. 결국 솟대나 선돌은 장승이라는 구상신(具像神)이 생기게 된 동기이지 뿌리는 아니다. 구상화되면서 태어난 법수를 오늘날 벅수, 장승의 시원이라고 해야 옳다고 하겠다.

55쪽 사진　하위신인 법수는 산신, 동제신(洞祭神) 등 여러 상위신과 더불어 부락을 수호하는 기능 곧 궂은 일로는 마을에 침입하는 사귀를 막고 액(厄)을 물리치며 질병을 퇴치하고 도적이나 맹수의 내습을 예방하는 중역을 맡았고, 좋은 일로는 우순 풍조(雨順風調)하여 풍작되기를 빌었고 마을의 태평 대길, 나라의 국태 민안을 기원하는 일 등 서민의 해결사 노릇을 하였다.

53쪽 사진　명문으로는 '천하대장군(天下大將軍)' '지하대장군(地下大將軍)' '상원주장군(上元周將軍)' '하원당장군(下元唐將軍)' '대장군(大將軍)' 등이 주로 사용되었다.

천하대장군과 지하여장군은 현존하는 부락 수호 벅수는 물론 그 밖의 기능을 가진 장승류에서도 가장 널리 쓰이는 명문이다. 이들은 고사에 의하면 각각 하늘 아래에서 오제(五帝:黑帝, 赤帝, 靑帝, 白帝, 黃帝)의 사명을 주관하는 자와 지하에서 오령(五靈:太水, 太火, 太木, 太金, 太土)의 이룸을 주관하는 자를 일컫는다는 설이 있으나 확실한 것은 아니다.

대장군이 전국시대 무관의 직관 이름임에 비추어 군이 고사를 빌지 않아도 하늘 아래의 온 세상과 저승 세계를 영험으로 다스리는 두 신격을 대장군이라는 고위 관직명을 붙여 천하대장군, 지하여장군이라고 했을 가능성도 있다.

공주군 반포면 상신리 장승과 솟대

공주시 웅진동 한산소 벅수들

공주군 우성면 어천리 벅수 마을의 동쪽을 지키는 '동방청제축귀대장군지위'들이다. 땅에 밑을 묻어 세우지 않고 당산나무에 기대 세운 것은 오랜 관습에 의한 것이라고 한다.

대전시 읍내동 천하대장군　무섭기보다는 자애롭게 타일러서 마을에 침입하려는 악귀
를 쫓아보내려는 얼굴이다.

대전시 읍내동 지하대장군 퉁방울 같은 눈이 표현되었지만 음각한 입이 웃고 있어 자애로운 표정이 되었다.

대장군과 여장군의 차이에 있어서는 본래 천하와 지하의 대비만을 가진 '대장군'이라는 하나의 이름이었으나 근세에 이르러 음양오행설에 의하여 남녀로 구분되면서 오늘날 그 몸에 새겨진 명문으로부터 형태에 이르기까지 성 구분이 확연한 천하대장군, 지하여장군으로 변모되고 있음을 보여 준다.

상원주장군, 하원당장군 등은 주로 남부 지방에 몰려 있는 명문이다. 이 명문들에 나오는 주나라는 춘추시대가 시작되기 전 866년 동안을, 당나라는 7세기부터 10세기의 300년 동안 중국을 지배해 온 왕조이므로 그 시대의 용장들을 명문화함으로써 어떠한 기적을 간절히 바란다는 뜻으로 해석할 수 있다. 다시 말해서 중국의 많은 왕조 가운데 굳이 주와 당을 명문화한 까닭은 찬란한 문화를 이루었던 두 나라를 중국을 상징하는 국명으로 내세워서 중국에서 오는 두창신 등을 그들 본국의 장군명을 새긴 법수로 물리치려 했다고 생각된다.

의학이 제대로 발달하지 못한 때 특히 두창(천연두, 호귀마마), 괴질(콜레라), 수두(水痘;작은마마, 왜마마, 뜨리)와 같은 사망률이 높은 유행병이 퍼지면 사람들은 어쩔 수 없이 자신과 가족의 목숨을 운명에 맡겨야 했다. 의원의 치료는 받아도 효과를 기대할 수 없거니와 더군다나 서민들은 비싼 치료비를 댈 수도 없었다. 이렇듯 의술의 손이 닿지 않는 질병에 대해 사람들은 발병 원인이 다른 곳에 있다고 생각하기 시작했으며, 의술로 안 되는 치료를 신력에 기대는 궁여지책이 나오기도 했다.

두창은 한을 품고 죽어서(미혼, 무자식, 전사 등) 승천하지 못한 무사신(無祀神)이나 미명귀(未命鬼)들이 퍼뜨린다고 생각하여 관의 주관 아래 정기적으로 여제(厲祭)를 지냄으로써 귀신의 넋과 한을 달래어 예방과 치유를 꾀하였다.

부락에서는 중국의 강남에서 오는 역신(疫神)인 호귀마마가 우리

나라의 방방곡곡을 찾아다니면서 두창을 퍼뜨린다고 믿고 있었다. 따라서 부락 공동 대책의 일환으로 적은 돈이나 곡식을 추렴하여 호귀마마가 찾아오는 길목인 마을 입구나 고갯마루에 선인의 주력을 겸비한 법수를 세워 미리 마을 침입을 막으려 하였다.

  방두(防痘) 법수 역시 두창이 심했던 조선시대 중엽인 16, 17세기경에 그 수가 늘어났다. 법수의 가슴에는 선군(仙君) 곧 단군의 이름이나 중국 맹장의 직명 또는 두창신인(痘瘡神人)의 전설이 있는 '아미산(峨眉山)' 등의 중국 지명을 빌려 명문화하였다.

  19세기 말 지석영(池錫永) 등에 의하여 우두법이 보급되면서 두창이 서서히 자취를 감추었고 법수와 두창의 관계도 차츰 멀어졌다. 그러나 두창의 공포로 인하여 천 년 이상을 시달려 온 민족의 상처를 안고 있는 듯 아직도 두창 법수들이 남아 있어 후대의 우리에게 많은 것을 시사해 준다.

방두(防痘)의 지명 장성부지도(長城府地圖)에 아미암(峨嵋岩)이 표시되어 있다.

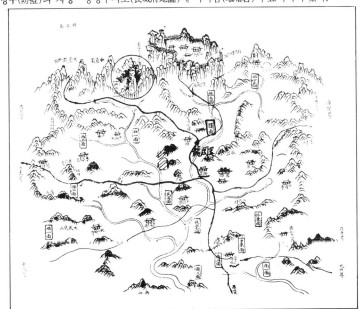

두창 법수로는 부안군 보안면 월천리의 '환웅(桓雄)' '왕검(王儉)' 돌법수 2기, 남원군 운봉면 서천리의 '진서대장군(鎭西大將軍)' '방어대장군(防禦大將軍)' 돌법수 2기, 영광군 묘량면 운당리의 '천자봉목(天子封木)' 나무 법수 2기, 장흥군 관산면 방촌리의 '진서대장군(鎭西大將軍)' 돌법수 1기, 해남군 삼산면 구림리 대흥사(大興寺) 입구의 '수소대장(受詔大將)' 나무 법수 1기 등이 현존한다.

이 밖에 1825년 일본 니가타현(新潟縣)의 추곡(椎谷) 마을 앞바다에서 발견된 '아미산하교(峨眉山下橋)' 나무 벅수와 1876년 일본 야마가다현(山形縣)의 빈중촌(濱中村)에 표착된 '진위대장군(振威大將軍)' 나무 벅수가 있었다.

위의 법수들이 두창을 막는 전문적인 기능만을 가진 것은 아니다. 이들은 나름대로의 여러 기능 곧 부락을 수호하는 데에 있어서 여러 가지 다른 역할이나, 사찰의 호법 등의 임무를 수행함과 더불어 방두의 역할도 수행하던 법수였음은 물론이다.

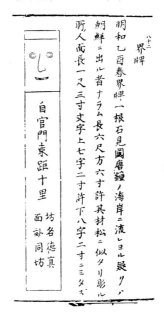

일본의 옛 책에 실린 우리 장승
「호고일록(好古日錄)」에 실린 옛 초계군 덕진면(합천군 청덕면)에 섰던 노표 장생의 그림과 설명이다.

부여군 외산면 만수리 벅수들 마을 어귀에 늘어서서 나쁜 귀신의 침입을 막는다.(위, 왼쪽)

승주군 승주읍 선암사 장승 불법(佛法)을 수호하는 기능의 장승이다.(옆면)
천원군 광덕면 광덕리 벅수들 '천하대장군'과 '지하대장군'이다. 목에 금줄을 감고 흰
천을 예단으로 묶었다.(위 왼쪽, 오른쪽)

방위 수호

　　우리나라 촌락은 대개 뒤는 푸른 산이 병풍처럼 휘감고 있고 앞에
는 깨끗한 시내가 가로질러 흐르는 곳에 자리한다. 이러한 마을은
사방이 풍수 지리적으로 잘 자리하고 있는가의 여부가 흥망 성쇠의
중요한 결정 요소였다. 어느 방향인가가 허하면 그 허한 맥을 바꾸
어야만 마을은 평온을 유지할 수 있었다. 특히 큰 마을이나 읍락은
넓은 평야에 자리하고 있는 경우가 많은데 이럴 때는 사방이 모두
트여 천연적인 방어 능력이 없는 속수 무책의 상태이므로 사방 모두
를 막아야만 재화를 물리쳐서 평안을 누릴 수 있다고 믿었다. 이러
한 사방에 중앙을 합한 오방을 지켜 주고 허한 맥을 메워 주는 신을
우리는 고조선시대부터 이미 모셔왔고, 지금까지 무속이나 민속에서
중요한 신격을 차지하고 있다.

69쪽 사진　　오방 신장(五方神將)을 보면 동쪽은 청제장군(靑帝將軍), 서쪽은
백제장군(白帝將軍), 남쪽은 적제장군(赤帝將軍), 북쪽은 흑제장군
(黑帝將軍), 중앙은 황제장군(黃帝將軍)이다. 이러한 오방신이 풍수
지리에서의 비보적 역할 곧 지맥이 허한 곳을 보호하는 주력으로
마을이나 읍락을 수호하는 역할을 가진 법수, 장승에 원용되면서
70쪽 사진　‘오방오제축귀장군(五方五帝逐鬼將軍)’류의 명문이 생겨났다. 한편
71쪽 사진　평면적인 개념의 오방은 물론, 수직적인 개념의 ‘천상천하(天上天
下)’까지 포함하여 입체적인 모든 방향으로부터 마을을 수호하겠다
는 경우도 볼 수 있다.

　　방위 수호 법수나 장승은 충남 지역, 특히 공주군과 청양군의
대치면과 정산면에 밀집되어 있으며 전남의 보성, 장성, 무안, 화순
전북의 남원, 장수, 경기도의 광주, 시흥, 수원 등에도 현존한다.

　　중요무형문화재 제9호로 지정된 부여군 은산의 별신제는 마지막
날에 은산의 사방에 장승을 세우고 별신제의 일부 행사로 장승제를

지낸다. 이곳에 전해 내려오는 전설에 따르면 옛날 은산 지방에 병마가 자주 들어와서 어린이들이 많이 죽었는데 마을 노인의 꿈에 백제 장군들이 나타나서 "억울하게 죽은 백골이 흩어져 있으니 묻어 주면 병을 막아 주마"라고 하여서 장례를 치르고 제사를 지냈더니 마을이 태평해졌다고 한다. 그 뒤로 장군들의 영혼을 위로하는 별신제를 지내왔고 사방 장군의 장승도 세워서 은산 지방을 지키게 하였다고 한다. 이 풍습이 오늘날까지 전해 내려오고 있다.

장수군 소월면 두삽리 장승들　마을 남쪽을 지키는 '남방 적제 장군(南方赤帝將軍)'들로 얼굴에 붉은색을 칠하였다.

남원군 운봉면 북천리 장승들 방위
수호 법수나 장승은 충남 지역,
특히 공주군과 청양군의 대치면과
정산면에 밀집되어 있으며 전남의
보성, 장성, 무안, 화순, 전북의
남원, 장수, 경기도의 광주, 시흥,
수원 등에도 현존한다.

남원군 운봉면 북천리 장승(옆면)
공주군 신풍면 선학리 장승
　큰 마을이나 읍락은 넓은 평야에 자리하고 있는 경우가 많은데 이럴 때는 사방이
모두 트여 천연적인 방어 능력이 없는 속수 무책의 상태이므로 사방 모두를 막아야만
재화를 물리쳐서 평안을 누릴 수 있다고 믿었다.(위)

남원군 산내면 실상사 '상원주장군(上元周將軍)'(위)
연기군 전의면 대곡리 장승들　점잖은 장군들을 마을 어귀에 세웠다.(옆면)

산천 비보

  산천 비보란 신라 말과 고려 초에 국가 왕업의 흥망을 지덕(地
德)의 성쇠가 좌우한다고 하여 산천에 절이나 불상, 탑 또는 장생표
를 세워 지맥을 보허(補虛)하는 기능을 말한다.
  현존하는 산천 비보의 장생표 가운데 대표적인 것으로는 양산
통도사의 국장생 2기와 영암 도갑사의 국장생 2기 및 황장생 1기
등을 꼽을 수 있다.

통도사 손내천 국장생(通度寺 孫仍川 國長生)

37쪽 사진

  경남 양산군 하북면 지산리에 있는 통도사는 신라 선덕왕 15년
(646)에 창건된 고찰이다. 통도사에서 동남쪽으로 내려가면 국도변
에 순지리 분기점이 있는데 국도를 따라서 남쪽으로 약 2킬로미터
를 내려가면 답곡리와 백록리의 경계 부근에 국장생 석표가 있다.
  이것은 고려 선종 2년(1085)에 세운 것으로 문장은 이두문으로
되어 있다. 문장의 내용은 "통도사 손내천 국장생 1좌(一坐)는
절에서 문의한 바 상서호부(尙書戶部)에서 을축(乙丑) 5월 일자의
통첩에 있는 이전의 판결과 같이 개립(改立)케 하도록 하므로 이를
세운다"라고 하였다.
  이 손내천 국장생은 1934년에 보물 제74호로 지정되었다.

상천리 국장생(象川里 國長生)

73쪽 사진

  양산군의 북쪽인 울주군 삼남면 상천리에 선돌배기라는 곳이
있는데 여기에 국장생 1기가 서 있다.
  윗부분이 파손된 상태여서 전체 문자를 파악할 수는 없으나 남아
있는 문자나 문자 배치가 손내천 국장생과 일치하는 것으로 미루어
두 국장생은 동시에 건립된 것이라고 생각할 수 있다. 그러나 손내

천 국장생과 달리 절단으로 인하여 장생표의 정식 이름 부분이 파악
되지 못하였다. '상천리 국장생'이라는 이름은 현재 국장생이 위치한
곳이 상천리이기 때문에 뒷날 붙여진 것이다. 1972년 경상남도가
지방유형문화재 제16호로 지정하였다.

인조 20년(1642)에 통도사에서 간행한 「통도사사적약록(通度寺
事蹟略錄)」의 '사지사방산천비보(寺之四方山川裨補)'조를 보면 "장생
기지(長生基地) 사방에 흑목방형(黑木榜型), 돌무더기형(石磧型),
비석형(石碑型) 등의 장생표 12기를 배치하였다"라고 되어 있으며
12기의 위치를 각 방위별로 서술하고 있다. 이 12기 가운데 손내천
국장생에 해당하는 것은 중앙의 성내천(省仍川) 석비(石碑) 장생표
2기 가운데 1기이며 상천리 국장생에 해당하는 것은 석표의 일부가
절단되어 확실치는 않으나 남대천(南大川)의 석비 장생표였을 가능
성이 높다. 결국 12기 가운데 10기는 없어지고 2기만이 현존하고
있는 것으로 보인다.

영암 도갑사 장생

전남 영암군 군서면에 있는 도갑사(道岬寺)는 유명한 월출산의 지맥인 도갑산 남쪽 산등성이 계곡에 자리잡은 고찰이다.

이곳 면소재지인 동구림리의 학바위(鶴岩) 마을 밭가에 석비형의 '황장생'이 나무에 기대어 서 있고, 여기서 서쪽으로 1킬로미터 떨어져 있는 서구림리의 돔바위(動岩)에 '국장생' 1기가 눕혀져 있다. 다시 동구림리에서 도갑사로 들어가는 도중에 있는 죽정(竹亭) 마을의 뒤쪽 수박등에 역시 석비형의 '국장생'이 서 있다. 이 돌은 명문 자체가 "國長生"과 "皇長生"으로 음각되어 있다.

42, 43쪽 사진

이들에 대해서는 일찍이 문헌에도 기록되었다. 「동국여지승람」 「택리지(擇里誌)」(1753년, 李重煥 著), 「동환록(東寰錄)」(연대 미상, 尹廷琦 著) 등에 "도갑사 근처에 2기의 입석이 있다. 그 가운데

영암 도갑사 호법 장승(국장생 아님)

1기는 황장생 3자가, 다른 1기에는 국장생 3자가 조각되어 있다. 어떤 뜻인지는 알 수 없다"는 기록이 있다. 그러나 수박등 국장생의 아랫부분에 보면 "석표사좌(石標四坐)"라는 글자가 음각되어 있어 원래 장생의 수는 2기가 아니라 4기였던 것이 조선시대 또는 고려 말기에 2기를 치우거나 분실하면서 그와 같이 기록되었다고 보인다 (돔바위 국장생은 최근에 발견한 것이다).

43쪽 사진

 이들 장생은 도갑사가 옛날 국가 비보 사찰이었고 황폐되었을 때에는 왕명으로 복구 공사를 한 점 등으로 미루어 볼 때 산천 비보의 주기능을 갖고 있었다고 보인다. '국장생' '황장생'의 명문으로 보아서는 나라의 영보를 비는 동시에 국왕과 종주국 황제의 만수무강을 빌었다고도 생각된다. 국장생 2기와 황장생 1기는 1986년 3월에 전라남도 지정 민속 자료로 지정되었다.

영암 금정면 쌍계사 장승들 불법 수호 장승이다.(왼쪽, 오른쪽)

장흥군 관산면 방촌리 장승 몸체에 '진서대장군(鎭西大將軍)'이라는 명문이 음각되어 있다. 이 장승의 기능은 읍락 비보로 지세가 허한 서쪽을 보호하는 것이다.

음성군 원남면 마송리 장승들 '성계대상군(聖界大將軍)'이라는 명문이 음각되어 있다.
음성 고을을 멀리 남쪽에서 지키는 비보 장승이다.(왼쪽, 오른쪽)

충무시 벅수 풍수 지리설에 의하여 마을의 터를 굳게 하기 위하여 세운 '토지대장군
(土地大將軍)'이다. 혼자 섰다고 독벅수라고 하며 광무 10년(1906)에 세웠다.(위)
순창읍 순화리 벅수 여자임을 나타내기 위하여 가슴에 유방을 새긴 유일한 것이다.
(옆면)

읍락 비보

읍락이나 부락이 자리한 위치를 볼 때 3방(方)은 산으로 둘러싸여 있고 한 쪽은 물이 흘러가는 수구(水口)로 되어 있는 것이 흔히 있는 지형의 형국이다. 그런데 마을에서 들판이나 큰 길이 바로 터져 보이거나, 물이 곧게 흘러 수구를 통하여 마을이 보이는 경우는 지맥이 허하다고 하였다. 이런 경우 수구가 터져 보여 허한 곳은 나무를 많이 심어 수구를 막고, 밖에서 마을이 들여다보이는 곳은 인위적으로 산을 만들어(造山) 마을을 보호하였다. 냇가를 따라 밖으로 통하는 길 양쪽에는 수구 막이로서 법수나 장승을 세웠다. 이런 것들이 바로 읍락 비보의 하나이다.

산천 비보가 조선시대에 들어와 사찰 경내에서 그 기능이 사라지고 민간에게 옮아가면서 백성들이 취한 이와 같은 비보의 형태는 읍락 비보나 방위 제의 기능을 뚜렷이 구분할 수 있는 능력을 상실하게 되었다. 특히 광활한 평야 지대에 위치하여 5방이 모두 허한 읍락은 읍락 비보와 방위 제의 기능 둘 다를 채택하여 압승물(壓勝物)을 설치하였으므로 그 기준이 매우 애매하다.

77, 79, 81쪽 사진 그러나 그에 대한 구분으로서 첫째, 허한 지맥 곧 허한 장소를 메우는가(裨補) 아니면 허한 방위를 메우는가로써 구별을 하거나 둘째, 비보의 진압, 보허의 능력과 방위 제의의 벽사, 축귀의 능력을 따로 해석하고 셋째, 비보가 풍수 지리설과 불교에서, 오방신이 음양오행설과 민간 신앙 차원에서 근원이 비롯되었음을 밝힌다면 그 분류의 시도에 가까이 갈 수 있을 것으로 보인다.

조선시대의 이러한 혼류(混流)는 차차 고을이나 부락마다 각기 특색있는 고유의 압승물을 창안해 냄으로써 정리되고, 그 결과 오늘날까지 남아 있는 벅수, 장승은 다행히 명문의 구분이 두드러져 읍락 비보인지 방위 수호인지를 대략 가늠할 수 있다.

읍락 비보의 명문은 대체로 "이진지맥(以鎭地脈)" 곧 허한 곳을 보하는 것과 관련이 깊고, 방위 수호의 명문은 구체적으로 5방의 표현과 관계되어 있다. 또한 읍락 비보의 신상은 비보의 상징물로서 서 있는 자체만으로도 임무가 수행되지만, 방위 수호의 신상은 무속적인 제의와 관련됨에 따라 집단적 제의식을 치러야 하는 점에서도 기능의 분류를 시도할 수 있다.

　　이상에서 국가적 비보 사찰의 5방에 배치된 산천 비보, 장생의 비보와 방위 제의적 기능이 민간화되면서 여러 기능으로 세분되었고 그 가운데에서 읍락 비보라는 열매를 맺게 된 하나의 가지를 상상해 볼 수 있다.

　　현존하는 읍락 비보 장승류는 아래와 같다.

　　※ 와주성선(媧柱成仙), 보호동맥(補護東脉) ; 광주시 동문 밖 돌장승 2기

순창읍 남계리 벅수　순창읍의 북쪽을 지기는 벅수로 남사이다.

공주군 신풍면 선학리 이 마을의 입구에는 당산나무를 중심으로 선돌과 장승이 함께 배치되어 있다.

광주의 장승 풍수 지리설에 의하여 광주 동쪽의 지맥을 보허하고 진호하기 위하여 세웠던 '보호동맥(補護東脉)' 장승이다.

▩ 정계대장군(靜界大將軍);음성군 원남면 마송리 돌장성 3기

▩ 토지대장군(土地大將軍);충무시 문화동 돌벅수 1기

▩ 진서대장군(鎭西大將軍);장흥군 관산면 방촌리 돌벅수 1기, 남원군 운봉면 서천리 돌법수 1기

▩ 남정중(南正重), 화정려(火正黎);여수시와 여천시 수 개소

장흥 관산과 남원 운봉의 진서대장군은 '서'자를 방향(방위)으로 해석할 것이냐, 아니면 중국으로 해식할 것이냐에 따라서 기능 풀이도 변한다. 방향을 가리킬 때에는 읍락 비보와 방위 수호 기능을 겸하게 되며 중국을 상징하는 경우에는 중국에서 오는 두창신인 호귀마마를 막는다는 방두의 부락 수호 기능을 갖게 된다.

불법 수호

삼국시대에 중국을 거쳐 들어와 고려 때까지 많은 사찰과 탑이 섰고 훌륭한 승려가 나왔으며 불경의 출판이 놀랍게 이루어져 교세를 떨치던 불교는 조선시대에 이르러 국가의 억불 숭유 정책으로 위엄이 떨어졌다. 한편 임진왜란 등의 전란으로 많은 사찰이 불타 없어지기도 하였다. 결국 사찰은 성역의 존엄성을 유지하기 어렵게 되었다.

사찰에는 예전부터 경내의 청정과 신성한 가람의 보존을 유지하기 위하여 해탈문, 사천왕문, 나한상, 금강역사상 등을 배치하였으며 조선시대에는 고유 민속 신앙의 영향을 받아 절의 어귀에 장생(長栍)을 세우기도 하였다. 이것이 불법 수호(護法) 장생의 시작이다.

90, 91쪽 사진

호법이란 불법을 보호하는 일 곧 염불 기도에 의하여 요괴나 질역(疾疫)을 조복(調伏)하는 일 또는 그 법력을 밀하는 것이다. 호법 장생이라 하면 불법을 수호하는 임무뿐만 아니라 벽사 진경이나 유행병에 대한 방역의 임무도 갖추어야 했다. 대상도 사찰은 물론 인근 마을까지로 폭이 넓어지게 되었다. 따라서 장군명(上元周將軍, 下元唐將軍, 乾上周將軍, 坤下唐將軍, 葛將軍 등)이나 축귀 방역의 성격을 띤 직함명(擁護金沙逐鬼將軍, 禁鬼大將, 受詔大將, 禁護將軍 등)의 상생이 세워졌으며, 순수하게 불법만을 수호하는 장생(放生定

94, 95쪽 사진

界, 護法善神, 伽藍善神, 外護善神, 大伽藍守護神 등)은 오히려 그 수가 많지 않았다.

지금까지는 장생(長生)과 장생(長栍)에 있어서, 장생(長生)은 비석형, 돌무더기형, 나무 기둥형으로 되어 있었으며 그 가운데 나무 기둥형은 그대로 전승되어 사찰 입구의 나무, 돌장승으로 변천되었다는 추론으로 장생(長生)과 장생(長栍)을 연결짓는 경우도 있었다. 그러나 필자가 사찰 어귀의 신상들을 굳이 호법 장생이라고 이름하여 산천 비보 장생과 분리하는 이유는 다음과 같다.

첫째, 신라, 고려 때의 장생(長生)은 산천 비보를 중심으로 방위 제의, 임금의 장수, 사령(寺領)의 경계표 등의 기능을 수반하였으나, 조선시대 호법 장생은 경내의 청정과 존엄성 유지 및 벽사 진경을 위한 기능을 갖고 있었다.

둘째, 장생(長生)은 비석, 돌무더기, 나무 기둥형이었으나, 호법 장생은 나무나 돌기둥의 윗부분에 얼굴이 있는 법수와 흡사하다.

셋째, 장생(長生)은 임금, 황제의 만수 무강을 기원하거나 세워진 내력이 명문으로 새겨져 있는 반면 호법 장생은 중국의 장군명, 사찰을 수호하는 신명, 성역 표시 등의 명문으로 되어 있다.

넷째, 고려 말부터 조선시대에 장생(長生)이 장생(長栍)으로 변하게 된 주된 원인은 고려 말 국력의 쇠퇴로 사찰에 대한 혜택이 없었으며 조선시대에는 억불 정책으로 탄압받은 사찰이 아예 장생(長生)을 세우지 않았기 때문이다. 따라서 사찰에서 장생을 세우기보다는 오히려 민간과 친숙해진 동기로 사찰과 인근 부락의 수호를 위하여 사찰 어귀에 신상을 세웠다. 그것이 장생(長生)에서 명칭만을 빌린 호법 장생이 되었다는 사적(史的) 추론이다. 부락에서 부락 수호를 위하여 법수를 세우듯 조선시대의 사찰에서는 경내의 수호를 위하여 호법 장생을 세우는, 새로운 장승류가 생긴 것이다.

현존하는 불법 수호 장승류는 다음과 같다.

명문	위치	분류	수
상원주장군(上元周將軍)	예천군 용문면 용문사 윗장승백이	나무 장승	2기
하원주장군(下元周將軍)	상주시 남장사	돌장승	1기
상원주장군(上元周將軍) 하원당장군(下元唐將軍)	나주군 다도면 운홍사지	돌장승	2기
상원주장군(上元周將軍) 대장군(大將軍)	남원군 산내면 실상사	돌장승	2기
주장군(周將軍) 하원당장군(下元唐將軍)	나주군 다도면 불회사	돌장승	2기
주장군(周將軍) 당장군(唐將軍)	영암군 금정면 쌍계사지	돌장승	2기
옹호금사축귀장군(擁護金沙逐鬼將軍)	남원군 산내면 실상사	돌장승	1기
방생정계(放生定界) 호법선신(護法善神)	승주군 승주읍 선암사	나무 장승	2기
금귀대장(禁鬼大將) 수조대장(受詔大將)	해남군 삼산면 대흥사	나무 장승	2기
옴호법대장군(唵護法大將軍) 훔삼원대장군(吽三元大將軍)	예천군 용문면 용문사	나무 장승	2기
가람선신(伽藍善神) 외호선신(外護善神)	하동군 화개면 쌍계사	나무 장승	2기
호법대신(護法大神) 금호장군(禁護將軍)	함양군 마천면 벽송사	나무 장승	2기
우호대장(右護大將) 좌호대장(左護大將)	함양군 백전면 영은사지	돌장승	2기
입차문내(入此門內) 막존지해(莫存知解)	고양군 신도읍 상운사	나무 장승	2기
천하대장군(天下大將軍) 지하여장군(地下女將軍)	정주시 내장동 내장사, 해남군 삼산면 대흥사 일지암	나무 장승	각 2기

이상에서 살펴보건대 최근에 새로 만들어 세운 장승들로 호법장승의 명문마저도 점차 천하대장군, 지하여장군으로 일반화되어 감을 알 수 있다. 이처럼 14개소 30기말고도 명문이 없는 호법 장승

으로 13개소에 20기가 산재해 있다.

위치	분류	수
강화군 송해면 미륵사지	돌장승	2기
평택군 현덕면 심복사	돌장승	1기
옥천군 옥천읍 용암사	나무 장승	1기
부안군 진서면 내소사	나무 장승	1기
김제군 금산면 금산사	돌장승	2기

남원군 산내면 실상사 장승

남원시 왕정동 만복사지	돌장승	1기
담양군 남면 개선사지	돌장승	1기
무안군 몽탄면 법천사, 목우암 입구	돌장승	2기
무안군 몽탄면 총지사지	돌장승	2기
영암군 군서면 도갑사	돌장승	2기
화순군 청양면 개천사	나무 장승	2기
선산군 해평면 월호리	돌장슝	1기
창녕군 창녕읍 관룡사	돌장승	2기

나주군 다도면 불회사 장승(옆면)
나주군 다도면 운흥사 장승 2기 가운데 '하원당장군'의 얼굴 모습이다.(위)

함양군 마천면 벽송사 장승　왼쪽은 '금호장군(禁護將軍)' 오른쪽은 '호법대신(護法大神)'이라는 명문이 몸체에 새겨져 있다.

보성군 득량면 해평리 장승　2기 가운데 '상원주장군(上元周將軍)'이다. 옛 개흥사(開興寺)를 지키던 장승이다.

상주 남장사 장승 '하원주장군(下元周將軍)' 장승으로 얼굴 좌우가 대칭을 이루지 않고 있다.

창녕 관룡사 장승   호법 장생이라 하면 불법을 수호하는 임무뿐만 아니라 벽사 진경이
나 유행병에 대한 방역의 임무도 갖추어야 했다.

경계표, 금표

고려시대에 비보 사찰의 승려들은 국가가 부여한 사찰 영토의 면세 혜택으로 그 토지를 경작하여 식량을 자급 자족하였다. 이 때 장생은 산천 비보뿐만 아니라 토지의 경계를 표시하는 역할도 맡고 있었다.

한편 조선시대에 들어와 생긴 호법 장생도 법역(法域), 성역(聖域)이라고 하여 경내의 부정을 금하는 금표(禁標)로서의 경계표 기능을 맡기도 하였다. 부락 수호 법수도 부족과 부족 사이에 채집 경제의 경계를 표시하기도 하였다.

경계표 장생

조선시대에는 원래 장생이 갖고 있는 여러 기능이 대부분 사라지고, 실용적 기능이라고 할 수 있는 경계 표시적 기능만을 그대로 활용하였다. 그 대표적인 예가 영암 도갑사의 국장생, 황장생이다.

조선시대 말엽 도갑사 부근의 일부 지역은 1800년에 승하한 정조의 능인 수원의 건릉(健陵)에 향탄(香炭)을 조달하는 구역으로 지정되었다. 이 구역을 표시하는 4표(標)가 있었다고 하는데 4표란 수박 등 국장생의 하단에 새겨 있는 '석표사좌(石標四坐)'와 일치한다. 최소한 고려 말기에 세워졌다고 추정되는 국, 황장생이 정조 승하 뒤에는 구역 표시물로 이용된 것이다. 다시 말하면 원래 갖고 있었을 절의 전답 경계 표시 기능마저도 조선시대에 들어와서는 소멸되어 버리고, 사원 아닌 국가의 땅으로 재활용된 영역을 나타내는 데에 장생을 그대로 이용하였음을 알 수 있다.

안악(安岳) 연등사의 장생표도, 사방 석적 장생표(四方石磧長生標)는 사여받은 위전답(位田畓) 곧 공불(供佛)에 쓰이는 면세 전답이었음에 미루어 볼 때 사찰 영역의 경계 표시였음을 알 수 있다.

43쪽 사진

금표 장생

「명종실록」에 의하면 명종 14년(1559)에 양근군의 월세(현새 양평군 양서면 신원리) 부근의 봉은사(奉恩寺) 연료림에 "봉은사 시장(奉恩寺柴場)"이라고 쓴 장생(長栍)을 세워 백성들이 도벌이나 부정을 못하게 하였다고 한다.

강원도 평창군 진부면 월정사(月精寺) 아래쪽에는 "금렵(禁獵)" 이라고 쓴 장생이 있었는데 근처 주민들이 그물로 물고기를 잡아먹 으면 비린내가 날 것을 걱정하여 승려가 세웠다고 한다.

이 두 장생은 백성들의 도벌이나 정역(淨域) 안 살생을 금지하는 금표의 역할을 하는 경계표 장생이다.

부족 경계 법수

마을과 마을 사이는 능선, 고개, 강, 내, 길 따위가 있어 경계를 이루는 경우가 대부분이다.

마을의 초입인 옆마을과의 경계에 법수를 세움으로써 미연에 사귀(邪鬼)의 침입을 막고자 하였다. 이러한 마을 사이의 경계 또는 면, 군, 도의 경계에 세운 법수는 부락 수호 기능과 더불어 자연히 경계표 기능도 갖게 되었다. 경계표 법수가 있었으리라 추정되는 지명이 있어 소개해 본다.

- 강원도 금화군 원산면 법수현리의 법수현(法首峴)
- 강원도 회양군 상북면 도납리의 법수치(法水峙)
- 강원도 회양군 상북면 판기리의 법소령(法所嶺)
- 충북 보은군 회남면 법수리의 법수골
- 전북 완주군 봉동읍 은하리와 비봉면 봉산리와의 경계 법수재
- 경남 함양군 수동면 우명리의 법시랭이

노표

노표(路標) 장생은 조선시대에 관로에 세워 길손에게 이정을 알리는 것이 주임무이던 제도적 시설물이라는 점에서 법수나 장생(長生)과 차이가 있다. 읍치(邑治)의 관문과 역(驛), 참(站)을 기점으로 10리마다에 서 있었으며 명문 또한 다른 장승류와 달랐다.

조선시대 초기, 관로와 우역(郵驛)의 제도가 발달하고 이용도가 높아짐에 따라 도읍이나 역참 사이에 정확한 이정이 필요하게 되었다. 이에 따라 태종 14년(1414)에 관로의 10리마다에 소후(小堠)를 두고, 30리마다에는 대후(大堠)를 두자는 사안이 실행되었다. 그러나 이 노표 장생은 1895년에 역과 발참(撥站)을 폐지하고 현대식 교통, 체신 수단이 도입됨에 따라 사라지게 되어 현재는 전혀 남아 있지 않다.

조선시대 초기의 법전인 「경국대전(經國大典)」에 의하면 외방 도로의 10리마다에 소후를 세우고 30리마다에는 대후를 세워 역을 두게 하였으며, 후에는 이수(里數)와 지명을 새기게 하였다. 이러한 이정을 기록하는 서식은 "某府東(西南北)距幾里地名某"로 "어느 부, 목, 군, 현으로부터 동서남북 중 어느 방향으로 몇 리가 떨어져 있는 곳으로 이곳 지명은 무엇이다"라는 뜻의 명문을 새기게 했다.

후는 중국에서 유래한 것으로 원래 쌓아올린 흙더미 위에 이수를 적어 만들어 세운 주(柱) 또는 표(標)를 말한다. 그러나 조선시대에 들어오면서 윗부분에 무서운 얼굴이나 귀면을 조각하게 되었고 후라는 이름도 장생(長栍)이라는 이름과 혼용하게 되었다.

노표 장생의 실물은 사라지고 없으나 다행히 일부 문헌에 의하여 모습을 볼 수 있다. 명문은 다음과 같은 서식으로 정리되었다.

自官門東距十里 坊名 德眞面畝同坊

'변강쇠 가(歌)'에 나오는
"등구 마천 가는 길에 서
서 산로(山路) 지킨"노표
장승의 상상도

一倉西距○○里 地名 永老司

縣東距二十里 地名 紅○○

自官門二十里 距皇城八十里 地名 下松隅

99쪽 사진 형태는 눈을 둥글게 뜨거나 윗송곳니가 날카롭게 나와 있고 턱수염이 있는 것 등으로 미루어 위협을 보이는 형상이었을 것이다.

이러한 노표 장생은 첫째, 도로를 내왕하는 사람이나 말의 여행에 길잡이 노릇을 하던 고려시대의 지로(知路, 指路) 대신으로 일정한 위치에 세워서 여행자에게 방향과 이수를 알려 주는 이정표 역할을 하였으며 둘째, 도로의 수호와 여행의 안전을 보살피는 노신(路神) 역할을 맡았다. 그리고 이정을 새긴 노표를 보고 사귀나 두창신이 쉽게 찾아올 것을 염려하여 무서운 신장상을 새겨서 강남에서 들어오는 호귀마마를 물리치기 위하여 법수의 주력을 빌리는 축귀(逐鬼)의 역할도 맡았다.

요즘에 와서 경기도 광주의 일부 장신을 비롯한 아산 동암리 돌장승, 진도 석현리 나무 벅수 등을 보면 장군명의 옆이나 아랫부분에 작은 글자로 이정을 표시한 것을 볼 수 있다. 그러나 이들은 부락 수호 신상에 옛 노표 장생의 이수 표기를 본떠 적어 넣은 것일 뿐 노표 장생을 계승한 신상이 아니다.

성문 수호

옛날 부, 목, 군, 현 등의 행정 기관이 있던 고을이나 군사상 중요 거점인 진(鎭), 영(營)에는 도성, 읍성 또는 진성을 쌓아 구역을 보호하였고, 성의 여러 방향에는 성문을 두어 그곳으로 사람이나 거마(車馬)가 드나들게 하였다. 성문에는 수문장이 군졸을 거느리고

부안 동문안 장승 무서운 수문장의 모습으로 부안읍의 동문을 지키고 있다.

남제주군 대정읍 추사기념관 앞 벅수들　제주도의 돌하르방들도 성문을 지키던 장승이
었다. 현재까지 남아 있는 제주시의 21기, 남제주군 대정읍의 12기, 표선면의 12기
그리고 경복궁 민속박물관으로 옮겨진 2기 등 총 47기가 각각 제주목성, 대정현성,
정의현성 등의 성문 밖에 서 있던 것이다. 위 오른쪽과 왼쪽은 대정읍성의 성문 밖에
서 있던 벅수들이다.

출입을 감시, 통제하였다. 그러나 수문장의 감시 능력이 액을 가져오는 악귀나 전염병을 퍼뜨리는 역신을 막기에는 역부족이었다. 따라서 결국 인간 수문장의 감시 능력을 초월하는 장승, 법수 수문장을 성문에 배치하기에 이르렀다.

예를 들면 여수시 연등동, 봉산동의 '남정중(南正重)'과 '화정려(火正黎)'는 전라좌, 우영성의 서문과 남문 등을 지키면서 읍락 비보의 역할도 겸했던 돌벅수들이다. 또한 강진군 병영면 하고리 홍교의 돌벅수 2기도 옛 전라 병마 절도사의 병영성 서문에서 수문장 노릇을 하였으며, 장흥군 관산읍 방촌리에 있는 '진서대장군(鎭西大將軍)' 1기와 명문이 없는 1기도 장흥 고읍성의 북문에 세워졌던 성문 수호 돌벅수이다.

제주도의 돌하르방도 성문을 지키던 장승이었다. 현재까지 남아 있는 제주시의 21기, 남제주군 대정읍의 12기, 표선면의 12기 그리고 경복궁 민속박물관으로 옮겨진 2기 등 총 47기가 각각 제주목성, 대정현성, 정의현성 등의 성문 밖에 서 있던 것이다.

102쪽 사진

기자(祈子)

우리나라는 오랜 세월 동안 가부장적 부계 사회를 계승하여 왔다. 그러나 의학이 발달하기 이전 질병이나 기근에 의하여 아이들이 성장하지 못하고 사망하여 절손의 위기에 몰리는 경우가 많았다.

이러한 요인들로 인하여 사람들은 수(壽), 부(富), 귀(貴)와 더불어 아들을 많이 낳을 수 있기를 기원하였다. 그 신앙의 대상도 산천, 거목, 신암(神岩), 동신(洞神), 삼신당(三神堂), 불상, 미륵, 장승 류 등 매우 다양하다.

득남의 기원은 풍요와도 관계있다. 자식이 많으면 생산 노동력의

아산군 배방면에 있던 남근형 장승

증가를 가져오고 이는 결국 경제력의 풍요를 낳게 된다. 이렇듯 득남은 가계의 계승과 직결되며, 가문의 성쇠를 좌우하는 기본이 되므로 개인은 물론이요, 부락 전체 주민의 최대 소원이었다.

복합적 민간 신앙 형태를 이룬 조선시대에 와서는 부락 수호나 호법의 기능을 가진 법수, 장승에게 득남을 기원하기도 했으나 기자 (祈子)를 주목적으로 하는 신상을 따로 세우기도 하였다. 이럴 땐 법수, 장승의 몸체를 남근형으로 만들고 머리는 관모 대신 귀두로 표현하였으며, 아기를 배에 새기거나 쌍상투의 동자상을 만들어 세우기도 하였다.

현존하는 기자 장승류로는 아래와 같은 것이 남아 있다.

🌀 청원군 남이면 죽림리 쌍상투 장승 1기(현재 청주시 용화사에 있음)

🌀 사천군 축동면 가산리 쌍상투 돌벅수 4기   106쪽 사진

🌀 아산군 배방면 회룡리 남근석 장승 1기(현재 온양민속박물관   104쪽 사진 소장)

🌀 고흥군 두원면 신송리 각시바우 돌벅수 1기

🌀 원소재 불명 남근석 돌장승 1기(현재 온양민속박물관 소장)

성(性) 신앙은 풍수 지리설과 음양 오행설에 의하여 시대를 막론하고 발전하였다. 따라서 성 신앙의 발원 내용도 매우 다양하며, 기자는 그 가운데 일부일 따름이다. 한편 장승 신앙은 장승 나름의 여러 기능을 부여받은 다기능석인 신격이었고, 그 가운데에서 기자라는 일부 역할도 맡았다. 곧 성 신앙과 장승 신앙은 기능면에 있어서 기자라는 공통점을 갖고 있을 뿐 별다른 친밀한 관계가 있었다고는 보기 어렵다. 따라서 장승으로서의 구비 요건을 갖추어야 함은 물론, 기자의 형태가 구체적으로 표현된 것만을 기자 장승이라고 보는 것이 옳다.

사천군 축동면 가산리 당산 아들을 점지하여 달라는 소원으로 세운 것이다.

이상에서 부락 수호, 방위 수호, 산천 비보, 읍락 비보, 불법 수호, 경계표, 노표, 성문 수호, 기자 등 모두 9가지의 장승류 기능에 대하여 살펴보았다.

부락의 수호신인 법수와 임금의 장생 및 국가의 산천을 비보하는 장생표라는 두 가지의 큰 줄기가 조선시대에 들어오면서 여러 가지로 세분화되면서 오늘날 우리가 찾아볼 수 있는 장승도 매우 다양한 모습을 갖게 되었다.

물론 이 여러 기능을 크게 분류하면 수호 기능, 비보 기능, 이정표 기능으로 구분이 가능하다. 그러나 각 기능마다 시대와 지역 또는 기원 대상의 차이에 따라 형태, 위치, 명문, 이름, 제사의 유무 등 구성 요건이 다양해졌고 그로 인한 기능의 9가지 분류가 불가피하게 된 것이다.

위의 여러 기능말고도 추가해야 할 것이 있다. 장승의 영험을 믿었던 백성들이 개개인의 소원을 빌기 시작한 것이다. "장승의 코나 눈을 갈아 달여 먹으면 낙태가 된다(임신한다는 말도 있다)" 하여 먹기도 했으며 남편이 첩을 두는 것을 막으려고 아내가 남편에게 몰래 이 장승의 돌가루를 먹이기도 했고, 학질(하루거리)을 치유할 때에도 달여 먹었다.

가족의 질병이 쾌유되기를 빌며, 장사하러 떠나는 사람의 재수와 여행의 안전을 기원하기도 하였다. 총각, 처녀가 훌륭한 배우자가 나타나기를 비는 대상이었고, 기우(祈雨), 기청(祈晴)을 빌어 가뭄이나 홍수를 피하고자 했다. 어촌의 경우는 풍어 또는 뱃일 나간 남편이 무사히 돌아오기를 빌었고 바람기 있는 아낙네가 남편의 귀선(歸船)이 늦어지기를 바랄 때도 기원의 대상이 되었다. 젖이 안 나는 여인이 여장군 벅수의 젖가슴에 자신의 젖가슴을 접촉시킴으로써 아기가 먹을 젖이 풍부히 생산되는 효험을 얻었다고도 전해진다.

장승 역할의 변화

옛 부락의 구성 유형은 우선 공동체로서의 자주적인 성격을 지탱해 주는 혈연적 토대 위에 모인 수십 채의 가구들이 오손도손 군락을 이루고 있었다. 군락의 뒤쪽에는 야트막한 동산이 품자락을 펼치고 있고, 마을 앞에는 마을의 젖줄인 맑은 실개천이 흐르고 있다. 마을 어귀에는 귀기가 서려 있음직한 느티나무가 몸을 틀어 서 있고, 그 옆에는 돌무더기나 선돌쯤이 조화있게 배치되어 있다. 한편 산중턱에는 산신각이나 당산이 마련되어 부정을 금하는 성역으로 모셔지고 있다. 그리고 마을 어귀의 길 양옆에는 마을로 들어오는 잡귀, 질병, 재앙을 막기 위하여 솟대와 더불어 법수가 서 있다.

이런 정경은 대부분의 마을에서 나타나는 현상이었고 주민들은 인간의 힘으로 불가능한 것들을 가능하게 하기 위하여 요소요소에 신격들을 배치하여 그들의 신력을 빌고자 하였다.

오늘날 미신 타파를 비롯하여 물질 문명의 도입, 의술의 발달, 외래 종교의 도입 등으로 인해 농촌의 기본적 민간 신앙의 구조가 무너지는가 하면 속신의 무능력을 업신여김에 따라 부락 단위의 신앙적 형태가 십수년 사이에 적지 않은 손상과 변화가 있었다.

다시 말해 부락에서 간절히 원하는 것이 무엇인가를 놓고 볼 때 구체적인 '원하는 것'은 물론이기니와 '원하는 것'의 질과 종류에도 변화가 생기게 되었다.

의술의 발달로 두창이나 콜레라 따위의 전염병 내습에 의한 피해와 두려움이 사라지고 과학 영농 기술로 풍, 흉년이 천재보다는 기술 도입의 유무 등에 의하여 결정되면서 질병 막음(防疫), 풍년 등의 기원은 구체적인 것으로부터 추상적인 것으로 탈바꿈하였다. 더불어 명문도 '천하대장군'류 등 기존의 것이 아닌 마을 이름 등을 새기면서 부락 수호의 기능보다는 마을을 안내하거나 전시하는 효과를 보려는 의도가 나타나기도 하였다.

이러한 변화가 장승류가 사라지게 되는 과정의 일부라고는 볼 수 없다. 문명의 이기라든가 무의미한 기능 부여 등으로 장승이 속된 것으로 타락한다면 법수, 장승은 전승 발전되지 못하고 대가 끊길 수도 있다. 그러나 장승은 기능과 이름이 시대와 놓인 상황에 따라 약간 변했을 뿐 꾸준히 우리와 호흡을 같이 하였다.

이와 같은 장승류의 맥이 오늘날 시대 조류에 맞는 또 하나의 변환을 꾀하였으니, 바로 1980년대 중반부터 각 대학에서 세우기 시작한 '시국(時局) 장승'이 그것이다.

대외 및 국내 정세에 대한 학생들의 민감한 반응 및 정치 참여 의식은 1980년대에 들어서만도 숱한 시위나 농성을 빚어내었다. 학내 문제로부터 노동 문제, 농촌 문제, 민주주의 정착 등에 대한 뜨거운 염원을 불사르며 그때그때의 목적에 상응하는 홍보물과 구호를 제작하여 학생들의 뜻이 세상에 전달될 수 있도록 하였다. 학생들의 이러한 시도는 미상불 사회와 불안 정국에 적지 않은 충격과 영향을 끼치며 끈질기게 전개되어 왔다.

1988년에 접어들어서는 동북 아시아 공산권과의 교류 정책인 북방 외교가 활발해지고 동서 화합과 개혁 바람을 타면서 통일에 대한 국시(國是) 논쟁이라든가 실제적인 북한 실정에 관한 의문, 그리고 남북한 청년 학생 회담의 시도 등의 계기를 통하여 통일을 주제로 한 활발한 논의가 시작되었다.

이에 맞추어 각 대학에서는 통일을 의미하는 상징물 또는 통일을 기원하는 신앙체로서의 장승을 깎아 세우기 시작하였다. 교정에서도 가장 눈에 잘 띄는 곳에 통일의 뜻이 담긴 명문(銘文)의 장승을 만들어 세움으로써 보는 이들로 하여금 그 뜻을 새김질할 수 있도록 한 것이다. 통일뿐만 아니라 민주, 자주, 여성 해방, 학교 발전을 기원하는 장승도 함께 세워 전반적인 교내외의 소원을 빌었다.

한편 이 장승들은 대동제 형식의 교내 축제 때 행사 일정의 서두로 장승 제사를 지내면서 세워진 것들이 대부분이다. 이는 고유 장승 가운데 부락 수호나 방위 수호 법수들이 신앙의 구현을 뜻하는 신상임에 비추어 볼 때, 제사를 지냄으로써 신력을 불어넣는 과정을 현대에 맞게 재현한 모습이라고 할 수 있다.

따라서 대학교의 장승들이 고유 장승과는 비록 다른 명문으로 다른 장소에서 다른 기능을 담당하고 있을지라도 근본적인 개념에서의 일치 곧 제를 통하여 신력을 불어넣고 신상에게 소원을 기구함으로써 당시의 문제점들을 해결코자 한다는 점의 일치에 의하여 학교의 장승들은 단순한 상징적 조형물이라든가, 구호물이나 대자보의 역할로서가 아닌 고유 장승의 범주에 마땅히 포함시킬 수 있는 것이다.

112, 113쪽 사진 이러한 시국 장승들은 건국대, 고려대, 단국대, 동국대, 서울대, 연세대, 중앙대, 추계예술대 등 서울의 대학을 비롯하여 전북대, 전남대, 목포대, 광주교대, 제주대 등 전국의 많은 학교에 2기부터 10기에 이르기까지 다양하게 만들어 세워졌다. 생김새도 학생들의 참신한 상상력과 정성에 의하여 만들어진 까닭에 각 대학마다 독특하고도 해학적인 모습을 가득 담고 있다. 전남대 장승의 수염 대신

사용한 펜촉, 관모 대신 사용한 불끈 쥔 주먹이라든가, 목포대의
엉뚱한 조형이 이질감보다는 볼수록 친밀감을 주는 것은 바로 그
이유일 것이다.

명문은 통일을 기원하는 '민족 통일 대장군' '백두 대장군' '한라
여장군'이 주가 되어 '민주 대장군' '자주 여장군' 또는 반전 반핵,
반독재, 여성 해방, 개벽을 뜻하는 것들이 사용되었다. 이제 대학교
뿐만 아니라 산에도 민족 통일과 민중 해방을 기원하는 장승이 세워
지는 등 시국 장승의 분포가 확산되고 있다.

1988년 지리산 노고단에서 시작하여 1990년까지 문경 새재, 계룡
산 등지에 민족 통일 대동 장승굿 추진위원회의 주관으로 민족 통일
남장승, 민족 평화 여장승이 세워졌다. 이들의 취지는 국토의 남쪽에
서 출발하며 해마다 백두산을 향해 북상하면서 요소요소의 산에
민족 통일 장승을 세움으로써 통일을 염원하는 데에 있다. 산신굿,
길놀이굿, 터벌임굿, 장승패 길놀이굿, 장승맞이굿, 장승맞이 대동놀
이, 장승 세우기와 통일 비나리, 통일 기원 의례굿, 통일 운동 터울림
굿, 뒷전 등 열마당으로 펼쳐지는 이 장승굿은 전국 각지에서 온
풍물꾼과 노래패, 탈패 및 인근 지역 주민들이 모여 성대하게 치르
고 있다.

한편 장승의 역할이 여기서 머물지 않고 더 나아가 정치, 경제,
문화 등 사회 전반에 걸친 제반 문제들을 해결하는 것까지 확산될
수도 있겠다. 대동의 범위도 부락 단위, 학교 단위에서 각 사회 모임
이나 생산 업체 또는 군(郡)이나 도(道) 단위로 넓혀져 각 단체가
추구하고자 하는 목표를 명문화하고 목표 달성을 위해서 정진하는
모습을 장승의 표정에 담을 수도 있겠다.

지역과 지역 사이의 경계에도 서로의 불신을 없애고 믿음과 더불
어 상부 상조한다는 의미의 장승을 세워 기존의 지역 감정을 해소해
보고자 하는 경각심을 일깨울 수도 있다.

대학교의 시국 장승 대학교의 장승들이 고유 장승과는 비록 다른 명문으로 다른 장소
에서 다른 기능을 담당하고 있을지라도 제를 통하여 신력을 불어넣고 신상에게 소원
을 기구함으로써 당시의 문제점들을 해결코자 한다는 근본적인 개념이 일치하고
있다. 위는 단국대학교 교정의 것이고 옆면은 전남대학교 교정의 시국 장승이다.

통도사 박물관 장승 질을 지키던 장승으로 지금은 통도사 경내에 있는 박물관 뜰에 옮겨져 쉬고 있다.

건물을 신축할 때 세우는 환성 소형물도 별의미 없는 추상적인 조형물을 장치하느니 우리의 고유 민속물인 장승을 훌륭하게 만들어 세우는 것이 얼마나 친근하며 민속을 전승한다는 차원에서 보람 있는 일이겠는가.

민간 신앙을 생활상이나 도구, 기술 등과 같이 우리 문화의 일부로 당연히 긍정하는 자세야말로 올바른 '민속 이해하기'의 첫걸음이다. 민간 신앙을 속된 옛것에 불과하다고 단정하고 그 사이에 두터운 벽을 쌓아버린 시각으로는 문화의 실질적인 계승 발전이 불가능하다. 물론 전통 문화를 현대적 감성과 접목하여 새로운 전통을 탄생시키듯, 장승도 기능과 형태가 장승의 틀을 벗어나지 않는 범위 안에서 형태의 시대상이나 감각이 들어갈 때만이 새로이 인정받을 수 있는 장승의 전승 및 부활이 가능하다.

양산 통도사 박물관
장승 부분

대흥사 입구 목장승 (위, 옆면)

빛깔있는 책들 101-19

장승과 벅수

글	김두하
사진	윤열수, 송봉화, 강현구, 이태완
발행인	김남석
발행처	주식회사 대원사
편집 이사	김정옥
전 무	정만성
영업 부장	이현석
첫판 1쇄	1991년 2월 28일 발행
재판 1쇄	2011년 05월 30일 발행

주식회사 대원사
우편번호/135-943
서울 강남구 일원동 640-2
전화번호/(02) 757-6717~9
팩시밀리/(02) 775-8043
등록번호/제 3-191호
http://www.daewonsa.co.kr

이 책에 실린 글과 사진은 저자와 주식회사 대원사의 동의 없이는 아무도 이용하실 수 없습니다.

빛깔있는 책들은 계속 나옵니다.

책값/8500원

ISBN 89-369-0019-6 00380

빛깔있는 책들